Peter Janocha

Asiens Märkte erfolgreich erschließen

Springer-Verlag Berlin Heidelberg GmbH

Peter Janocha

Asiens Märkte erfolgreich erschließen

Ein Leitfaden
für die mittelständische
Wirtschaft

 Springer

Dr. PETER JANOCHA
Lindenallee 22
24161 Altenholz

ISBN 978-3-540-63484-3

Die Deutsche Bibliothek - CIP-Einheitsaufnahme

Janocha, Peter:
Asiens Märkte erfolgreich erschließen: ein Leitfaden für die mittelständische Wirtschaft / Peter Janocha. - Berlin; Heidelberg; New York; Barcelona; Budapest; Hongkong; London; Mailand; Paris; Santa Clara; Singapur; Tokio: Springer 1998
ISBN 978-3-540-63484-3   ISBN 978-3-642-58800-6 (eBook)
DOI 10.1007/978-3-642-58800-6

Dieses Werk ist urheberrechtlich geschützt. Die dadurch begründeten Rechte, insbesondere die der Übersetzung, des Nachdrucks, des Vortrags, der Entnahme von Abbildungen und Tabellen, der Funksendung, der Mikroverfilmung oder Vervielfältigung auf anderen Wegen und der Speicherung in Datenverarbeitungsanlagen, bleiben, auch bei nur auszugsweiser Verwertung, vorbehalten. Eine Vervielfältigung dieses Werkes oder von Teilen dieses Werkes ist auch im Einzelfall nur in den Grenzen der gesetzlichen Bestimmungen des Urheberrechtsgesetzes der Bundesrepublik Deutschland vom 9. September 1965 in der jeweils geltenden Fassung zulässig. Sie ist grundsätzlich vergütungspflichtig. Zuwiderhandlungen unterliegen den Strafbestimmungen des Urheberrechtsgesetzes.

© Springer-Verlag Berlin Heidelberg 1998
Ursprünglich erschienen bei Springer-Verlag Berlin Heidelberg New York in 1998

Die Wiedergabe von Gebrauchsnamen, Handelsnamen, Warenbezeichnungen usw. in diesem Buch berechtigt auch ohne besondere Kennzeichnung nicht zu der Annahme, daß solche Namen im Sinne der Warenzeichen- und Markenschutz-Gesetzgebung als frei zu betrachten wären und daher von jedermann benutzt werden dürften.

Sollte in diesem Werk direkt oder indirekt auf Gesetze, Vorschriften oder Richtlinien (z.B. DIN, VDI, VDE) Bezug genommen oder aus ihnen zitiert worden sein, so kann der Verlag keine Gewähr für die Richtigkeit, Vollständigkeit oder Aktualität übernehmen. Es empfiehlt sich, gegebenenfalls für die eigenen Arbeiten die vollständigen Vorschriften oder Richtlinien in der jeweils gültigen Fassung hinzuzuziehen.

Einbandentwurf: de`blik, Berlin
Satz: Camera ready Vorlage durch Autor
SPIN: 10640983   7/3020 - 5 4 3 2 1 0 - Gedruckt auf säurefreiem Papier

Vorwort

Den mittelständischen Unternehmen werden im allgemeinen eine hohe Anpassungsfähigkeit an sich verändernde wirtschaftliche Situationen, Flexibilität und Mobilität nachgesagt, und grundsätzlich treffen diese Eigenschaften auch auf eine Vielzahl von kleinen und mittleren Unternehmen zu. Gleichzeitig ist bekannt, daß sich der mittelständische Unternehmer im Wettbewerb mit betriebsgrößenbedingten Nachteilen auseinandersetzen muß, die teils objektiv auch vorhanden sind, teils aber auf subjektiven Einschätzungen beruhen. Als wohl wichtigste Nachteile des Mittelstandes im Vergleich zu Großunternehmen sind Benachteiligungen im Finanzierungsbereich und Mängel im Managementbereich zu nennen.

Das Auslandsgeschäft stellt an Unternehmen jeder Größe neue und zusätzliche Anforderungen, z.B. durch neue Risiken im Finanzierungs- und Währungsbereich, durch die Auseinandersetzung mit neuen Rechtssystemen bei der Vertragsgestaltung und nicht zuletzt durch die Beschäftigung mit neuen Gesellschaftsstrukturen und Menschen, die anders denken und handeln, als es Geschäftsleute aus dem deutschen oder europäischen Kulturkreis gewohnt sind. Die Erschließung, die Sicherung und der Ausbau von neuen und unbekannten und damit häufig auch schwierigen Märkten verlangen von Unternehmen aller Größenklassen eine Vielzahl „typischer" Unternehmereigenschaften, wie z.B. Risikobereitschaft, Ideenreichtum, Flexibilität und Mobilität, Hartnäckigkeit und Ausdauer.

Auch wenn viele dieser Eigenschaften gerade dem mittelständischen Unternehmer zugeschrieben werden, wird in der aktuellen Diskussion immer wieder darauf hingewiesen, daß besonders die mittelständischen Unternehmen verstärkt an die Wachstumsmärkte insbesondere in Asien, aber auch in Lateinamerika, herangeführt werden müssen. So hat z.B. die Bundesregierung in ihrer Antwort auf die Große Anfrage zur Außenwirtschaft im Jahre 1996 betont, daß es eine zentrale Aufgabe von Bund und Ländern ist, die mittelständische Wirtschaft intensiver in das Auslandsgeschäft einzubinden. Diese Zielformulierung spiegelt das Gefühl der Außenwirtschaftspolitiker wider, daß es trotz der bekannten Exportstärke der deutschen Wirtschaft - Deutschland ist seit Jahren „Exportvizeweltmeister" - eine Vielzahl kleiner und mittlerer Unternehmen gibt, die das Exportgeschäft für sich noch nicht erschlossen haben, obwohl sie über exportfähige Produkte verfügen. Leider gibt es keine offizielle Statistik, die den Stand der Eingliederung des Mittelstandes in die Weltwirtschaft transparent macht.

Mit diesem Buch sollen der mittelständischen Wirtschaft Möglichkeiten und Wege zur Erschließung neuer und unbekannter Märkte aufgezeigt werden. Zielgruppe sind die kleinen und mittleren Unternehmen, im folgenden auch im Sinne von „kleine und mittlere Unternehmer" als KMU bezeichnet. Sie verfügen über exportfähige Güter oder Dienstleistungen und sind auch bereit, neue Märkte kennenzulernen, sie haben aber noch keine fundierten bzw. nur auf vertrauten Märkten gesammelte Auslandserfahrungen. Diesen KMU soll mit dem Leitfaden eine Hilfestellung an die Hand gegeben werden, wenn sie den Sprung auf neue Märkte in Asien wagen wollen oder müssen. So finden sie Anregungen für eigene Aktivitäten, für Partner verschiedenster Art sowohl im Inland als auch im Ausland, und sie finden Hinweise für wirtschaftspolitische Hilfestellungen auf Landes-, Bundes- und EU-Ebene.

Der Verfasser ist seit 1981 im Ministerium für Wirtschaft, Technologie und Verkehr des Landes Schleswig-Holstein für die Außenwirtschaftspolitik zuständig.

Seit 1992 hat sich das schleswig-holsteinische Wirtschaftsministerium bemüht, mittelständische Unternehmen aus Schleswig-Holstein an die Wachstumsmärkte in Südostasien heranzuführen. Im Mittelpunkt der Initiative standen vier Unternehmerreisen, die in die Länder Japan, Südkorea, China, Taiwan, Hongkong, Indonesien, Singapur, Vietnam und Thailand führten. Aus zahlreichen Gesprächen mit Reiseteilnehmern formte sich im Laufe der Jahre ein Bild von den Sorgen und Nöten, von den Erwartungen und Hoffnungen der Unternehmer, wenn sie das Für und Wider eines Engagements in Asien diskutierten. Gespräche mit deutschen Unternehmensvertretern im Ausland, mit deutschen Botschaften und Generalkonsulaten, mit den deutschen Auslandshandelskammern und Delegierten der Deutschen Wirtschaft und mit ausländischen Unternehmern, Regierungsstellen und wirtschaftspolitischen Institutionen ergänzten das Bild und vermittelten dem Autor ein

Gefühl dafür, was „machbar" erscheint und wo Schwierigkeiten zu erwarten sind.

Dank gebührt dem Ministerium für Wirtschaft, Technologie und Verkehr des Landes Schleswig-Holstein, das der Verwertung des im Zusammenhang mit den Reisen angesammelten Wissens für diesen Leitfaden zugestimmt hat. Mein Dank gilt auch den Vertretern der Wirtschaft und der wirtschaftspolitischen Institutionen, die in zahllosen Gesprächen dazu beigetragen haben, daß Konzepte, Wege und Instrumente ständig kritisch hinterfragt und angepaßt wurden. Nicht zuletzt möchte ich Frau Marita Hollstein und Frau Martina Renk danken, die mit Sorgfalt das Manuskript gefertigt haben.

Altenholz, im Sommer 1997

Inhaltsverzeichnis

1	Einführung: Globalisierung geht auch die mittelständische Wirtschaft an..................	1
2	Das Wachstum in Asien setzt sich fort	5
3	Wege auf die Märkte Asiens - Der Einstieg................................	11
4	... und die Vorbereitung der Entscheidung............................	15
5	Dominieren die Chancen oder die Risiken in Asien?................................	23
6	Die ersten konkreten Schritte - Die gezielte Sammlung von Informationen................................	27
7	Messebeteiligung - Eine Alternative zur Delegationsreise	31
8	Beratungen und Marktstudien - Wem nützen sie?................................	39
9	Die Partnersuche - Wer hilft dabei?	47
10	Die Europäische Union als Partner im Asiengeschäft................................	53
11	Gemeinschaftliche Initiativen - Die bessere Alternative	57
12	Kontakte - und nun? - Auswertung und Umsetzung................	65

13	Woher kommt das nötige Geld? - Finanzierungsnotwendigkeiten und -möglichkeiten	75
14	Schritte zur Markterschließung - Eine Checkliste	87
15	Chancen für den Mittelstand in Asien? - Einige Anmerkungen von Indien bis Japan	93

Anhang 130

1	Wichtige deutsche Ansprechpartner in Deutschland
2	Wirtschaftsförderungseinrichtungen
3	IHK-Firmenpools im Ausland
4	Umwelt-Area-Manager
5	Deutsche Industrie- und Handelszentren
6	Wichtige deutsche Ansprechpartner in Asien
7	Repräsentanzen der Länder in Asien
8	Ansprechpartner asiatischer Länder in Deutschland
9	Ansprechpartner der Europäischen Union

Literatur 163

1 Einführung: Globalisierung geht auch die mittelständische Wirtschaft an

Die Globalisierung der Märkte mit ihren Chancen und Risiken für die deutsche Wirtschaft ist gegenwärtig ein viel zitiertes und auch strapaziertes Schlagwort in der außenwirtschaftlichen Diskussion. Im Kern bedeutet dieses Schlagwort, daß sich die deutsche Wirtschaft dem internationalen Wettbewerb stellen muß, der in den letzten Jahren durch die zunehmende Zahl der international miteinander konkurrierenden Unternehmen und Volkswirtschaften an Härte und Intensität gewonnen hat. Die Zeiten sind vorbei, als Europa und Nordamerika zusammen etwa 80 % des Welthandels abwickelten, und der Rest der Welt, mit Ausnahme Japans, für das Wachstum und die Struktur des Welthandels praktisch keine Rolle spielte. Im Laufe der letzten 15 Jahre hat Asien einschließlich Japan seinen Anteil an den Weltexporten auf etwa ein Drittel ausdehnen können, während der amerikanische Kontinent insgesamt seinen Anteil nur halten konnte und Europa Anteilsverluste hinnehmen mußte. Durch die wachsende Bedeutung der asiatischen Geschäftspartner sahen sich westliche Unternehmen zunehmend vor die Notwendigkeit gestellt, sich mit neuen Kulturkreisen, mit neuen Wirtschaftssystemen, mit neuen Unternehmensphilosophien und mit neuen Geschäfts- und Verhandlungspraktiken auseinanderzusetzen. Diese Umstellung fiel und fällt den deutschen selbstbewußten, erfolgsgewohnten und auf einen kurzfristigen Gewinn bedachten Unternehmern natürlich nicht leicht. Sie müssen umlernen und sich asiatischen Gepflogenheiten anpassen, wenn sie an der Wachstumsdynamik Asiens partizipieren wollen.

Asien - Ein ernst zu nehmender Partner im Welthandel

Die als Globalisierung bezeichnete Internationalisierung der Märkte ist allerdings durch einige besondere Entwicklungen charakterisiert; hierauf hat das Bundesministerium für Wirtschaft im Jahreswirtschaftsbericht der Bundesregierung für das Jahr 1997 deutlich hingewiesen (vgl. Bundes-

Charakteristika der Globalisierung

ministerium für Wirtschaft, Jahreswirtschaftsbericht '97). Danach wuchs das Welthandelsvolumen in den letzten Jahren - mit Ausnahme 1996 - etwa doppelt so schnell wie die weltweite Produktion. Hierbei kommt der dynamischen Entwicklung des Handels mit Dienstleistungen eine besondere Rolle zu. Noch stärker als die Weltexporte und -importe nahmen die grenzüberschreitenden Investitionen zu, und zwar die Direktinvestitionen, die ein Ausdruck für die internationalen Verflechtungen im Unternehmenssektor sind. Und nahezu explosionsartig haben sich die Transaktionen an den internationalen Finanzmärkten entwickelt, die eine Folge der zunehmenden Liberalisierung im internationalen Kapitalverkehr sind.

Bedeutung der transnationalen Unternehmen

Auf einen weiteren bemerkenswerten Aspekt der Globalisierung hat die UNCTAD in ihrem World Investment Report 1995 aufmerksam gemacht (vgl. United Nations Conference on Trade and Development, 1995). Gegenwärtig gibt es etwa 40.000 transnational tätige Unternehmen, die in allen Teilen der Welt etwa 250.000 Tochtergesellschaften oder Beteiligungsgesellschaften haben. Die Konzernzentralen in den USA, in Japan oder auch in Europa steuern die internationalen Waren- und Kapitalströme weitgehend unabhängig von nationalen wirtschafts- und finanzpolitischen Maßnahmen. Nach einer Schätzung der UNCTAD ist etwa ein Drittel des Welthandels „Binnenhandel" zwischen diesen multinationalen Unternehmen und ihren Auslandsniederlassungen; etwa ein weiteres Drittel des Welthandels entfällt auf den Waren- und Dienstleistungsaustausch der transnationalen Unternehmen und ihrer Auslandsniederlassungen mit anderen Unternehmen, und lediglich das letzte Drittel des Welthandels wickeln „sonstige" Unternehmen untereinander ab. Bei den transnationalen Unternehmen handelt es sich keineswegs ausschließlich um die sog. Global Player, sondern in zunehmendem Maße haben sich auch mittelständische Unternehmen derartige internationale Netzwerke aufgebaut, allerdings eher größere mittelständische Unternehmen, wobei man bedenken sollte, daß es keine allgemeinverbindliche Definition eines mittelständischen Unternehmens in Abgrenzung zu einem Großunternehmen gibt.

Globalisierung heißt intensivierter Wettbewerb, ...

Globalisierung bedeutet also für alle deutschen Unternehmen eine Intensivierung des Wettbewerbs „draußen" in der Welt und auch auf den heimischen Märkten. Wie schwer sich die Unternehmen mit dieser neuen Qualität des internationalen Wettbewerbs tun, zeigt die Tatsache, daß in

1 Einführung: Globalisierung geht auch die mittelständische Wirtschaft an

den letzten Jahren der Welthandel meistens schneller gewachsen ist als die deutschen Exporte. Als Konsequenz hat der deutsche Anteil an den Weltexporten von gut 12 % im Jahre 1990 auf unter 10 % im Jahre 1996 abgenommen mit weiter sinkender Tendenz.

Wollen die deutschen KMU im internationalen Wettbewerb nicht zu den Verlierern gehören, dann müssen sie eigene Strategien zur Verbesserung ihrer internationalen Konkurrenzsituation erarbeiten. Eine Möglichkeit ist, sich durch engere Bindungen an transnationale Unternehmen von diesen ins Ausland „mitnehmen" zu lassen. Eine andere Alternative besteht in dem Aufbau eigener Netzwerke. Je kleiner allerdings ein mittelständisches Unternehmen ist, umso geringer müssen diese Chancen eingeschätzt werden bzw. umso größer ist die Gefahr, die betriebliche Identität oder sogar die unternehmerische Existenz zu verlieren. Eine der wenigen, aber realistischen Erfolgschancen für die typischen KMU ist, die Nachteile der fehlenden Größe durch gemeinschaftliche Aktivitäten zu kompensieren. Außerdem müssen sich die KMU von den traditionellen Denkmodellen lösen, daß ein nachhaltiger Erfolg auf neuen Märkten allein durch das Exportgeschäft zu erreichen ist. Gerade Partner auf den asiatischen Wachstumsmärkten erwarten nicht nur eine gute Qualität der Produkte zu einem angemessenen Preis und einen jederzeit funktionsfähigen after-sales-service; häufig fehlen ihnen auch die Devisen zur Bezahlung von Importen. Ihre Geschäftspolitik besteht primär darin, sich durch einen ausländischen Partner einen Technologie- und Kapitaltransfer zur Fortentwicklung ihres Unternehmens und zum Ausbau ihrer regionalen Marktposition zu sichern. Daher ist der asiatische Geschäftspartner weniger am reinen Exportgeschäft, sondern und vielmehr an einer auf längere Sicht gerichtete Zusammenarbeit interessiert. Der KMU, der sich ernsthaft um die Erschließung asiatischer Märkte bemühen will, muß also zur Zusammenarbeit und zu einem finanziellen und investiven Engagement bereit sein. Diese Bereitschaft setzt nicht nur das Vorhandensein gleichartiger oder sich ergänzender geschäftlicher Interessen voraus, sondern auch die ernsthafte Absicht, zum asiatischen Partner ein dauerhaftes geschäftliches und auch persönliches Vertrauensverhältnis aufzubauen.

... dem sich die KMU stellen müssen ...

... durch die Bereitschaft zur Kooperation

Fazit:
- Der KMU muß also umdenken und bereit sein, sich von einem reinen Exporteur zu einem Kooperationspartner zu entwickeln.
- Da eine Kooperation betriebliche Entscheidungen auf längere Sicht erfordert und finanzielle und personelle Kapazitäten bindet, muß der KMU seine Unternehmenspolitik dahingehend überprüfen, ob er diese längerfristige Bindung will und durchhalten kann.
- Der KMU muß eine Unternehmenspolitik, die auf kurzfristige Gewinnerzielung ausgerichtet ist, durch eine Strategie der mittel- und langfristigen Markterschließung und -sicherung ersetzen.

2 Das Wachstum in Asien setzt sich fort

Das an der weltwirtschaftlichen Entwicklung gemessen überdurchschnittlich hohe wirtschaftliche Wachstum in Asien setzt sich nun nahezu schon seit zwei Jahrzehnten fort. Üblicherweise mißt man das Wachstum mit der jährlichen Veränderung des realen Bruttoinlandsprodukts oder Bruttosozialprodukts. Während die Wachstumsrate für die Welt insgesamt seit 1990 nur einmal einen Wert von 4 % überschritt, war für die asiatischen Entwicklungsländer, d.h. ohne Japan, eine Zuwachsrate von 6 % die Untergrenze. Seit 1992 lag die Zuwachsrate sogar ständig über 8 %. Das beachtliche Wachstumsgefälle zwischen den Industrieländern und den Entwicklungsländern in Asien wird deutlich an den Prognosen für die Jahre 1997 und 1998; während für die Industrieländer Zuwachsraten von unter 3 % erwartet werden, rechnet man in Asien mit Wachstumsraten von gut 8 %.

Deutliches Wachstumsgefälle zwischen dem Westen und Asien

Natürlich darf man sich durch derartige eindrucksvolle Zahlen nicht blenden lassen. Die Veränderung des Bruttoinlandsprodukts, das ein Ausdruck für die gesamtwirtschaftliche Nachfrage ist, ist natürlich abhängig vom Ausgangswert. Hohe Zuwachsraten bedeuten also nicht zwangsläufig, daß auch die gesamtwirtschaftliche Nachfrage wertmäßig stark gestiegen ist. Wenn man bedenkt, daß das gesamte Bruttoinlandsprodukt Asiens zu etwa 70 % allein in Japan erarbeitet wird, dann bedeutet die bescheidene Wachstumsrate in Japan von 2,2 % für das Jahr 1997 eine deutlich höhere wertmäßige Zunahme der gesamtwirtschaftlichen Nachfrage als z.B. eine erwartete Wachstumsrate von 9 % für Vietnam. Die Zuwachsraten für das Bruttoinlandsprodukt sollte man daher nur als Zeitreihe betrachten und als Maßstab zur Beurteilung der Dynamik einer Volkswirtschaft oder eines Marktes ansehen. Wenn also einige Prognosen, z.B. von der Asiatischen Entwicklungsbank in Manila, für das Jahr 1998 eine Abschwächung des Wachstums in Asien auf fast 7 % vorhersehen,

Zunahme der Nachfrage ist entscheidend

Zuwachsraten sind Trendaussagen

sollte das nicht als ein Erlahmen der Wachstumskräfte gewertet werden. Mittelfristige Prognosen bis etwa zum Jahr 2000 gehen davon aus, daß einige besonders entwickelte Volkswirtschaften in Asien, die man schon zu den Industrieländern zählen kann, wie z.B. Singapur, Taiwan und Südkorea, gegenwärtig eine Konsolidierungsphase durchmachen. Mit Wachstumsraten um etwa 7 % für Asien insgesamt bis ins nächste Jahrtausend wird allgemein gerechnet.

Bruttoinlandsprodukt pro Kopf ist Wohlstandsmaß

Während für den Unternehmer, der Investitionsgüter herstellt und verkaufen möchte, die Zuwachsrate des Bruttoinlandsprodukts durchaus ein erster Maßstab zur Abschätzung seiner Marktchancen sein kann, ist für den Konsumgüterproduzenten eher die Wohlstandsentwicklung von Bedeutung. Hierfür ist das reale Bruttoinlandsprodukt pro Kopf der Bevölkerung auf Jahresbasis ein erster Maßstab. Trotz hoher Wachstumsraten ist das Wohlstandsgefälle zwischen einzelnen Volkswirtschaften wohl in keinem Teil der Welt so groß wie in Asien. Die Spannweite reicht von dem „Spitzenreiter" Japan mit einem „Pro-Kopf-Einkommen" von über 36.000 $ über die reichen Stadtstaaten Singapur und Hongkong mit etwa 25.000 $ bis zu den ärmsten Volkswirtschaften, wie z.B. Bhutan, Kambodscha, Laos, Bangladesch, Myanmar und Nepal, deren Pro-Kopf-Einkommen unter 300 $ liegen. Selbst die beiden so sehr beachteten, zentralgeleiteten Volkswirtschaften Vietnam und China liegen mit etwa 250 $ bzw. 560 $ deutlich im unteren Teil der Wohlstandsskala Asiens. Die Fachleute der Asiatischen Entwicklungsbank sprechen daher auch von den „zwei Asien", von dem dynamischen Ostasien und dem deutlich langsamer wachsenden Südasien.

Änderung des Pro-Kopf-Einkommens signalisiert Marktchancen

Auch bei diesem Wohlstandsmaßstab kann es von Interesse sein, die Veränderungen im Zeitablauf zu verfolgen, um sich einen Eindruck zu verschaffen, wie die Wohlstandsentwicklung im mittelfristigen Trend verläuft. Angesichts des weltweiten Interesses, das die wirtschaftliche Entwicklung in Asien in den letzten Jahren auf sich gezogen hat, kann es für den Geschäftserfolg auf einzelnen Märkten oder bei einzelnen Produkten durchaus von entscheidender Bedeutung sein, zu den ersten zu gehören, die Chancen erkannt und wahrgenommen haben. Allerdings ist es wohl realistisch zu unterstellen, daß diese „Pioniere" überwiegend aus der Gruppe der bereits weltweit tätigen Unternehmen kommen, die den finanziellen Atem haben, sich eine risikoreiche Marktschließung leisten zu können.

Das weniger auslandserfahrene mittelständische Unternehmen sollte sich sehr gut überlegen, ob es sich in solche „Abenteuer" einläßt.

In vielen wirtschaftspolitischen Kommentaren und Stellungnahmen wird warnend und nahezu vorwurfsvoll darauf hingewiesen, daß die deutsche Wirtschaft auf den asiatischen Märkten unterrepräsentiert ist und ihre Marktchancen „verschlafen" hat. Bei der Bewertung derartiger Aussagen sollte man vorsichtig sein und zumindest prüfen, ob man von der Entwicklung der Exporte oder der Investitionen spricht. Es ist nun einmal eine Tatsache, daß die wirtschaftliche Entwicklung in Deutschland untrennbar mit der Entwicklung in Europa und insbesondere in der Europäischen Union verbunden ist; mehr als 50 % der deutschen Exporte gehen in die Mitgliedsstaaten der Europäischen Union, und ein vergleichbarer Anteil der deutschen Importe kommt aus diesen Ländern. In gleicher Weise ist es verständlich, daß sich die drittstärkste Exportnation der Welt, Japan, sehr früh in den asiatischen Wachstumsmärkten engagiert hat und seit Beginn der 90er Jahre einen größeren Teil der Exporte nach Asien liefert als in die USA, das davor traditionell stärkster Handelspartner Japans war. Den USA, die von Europa in etwa gleich weit über den Atlantischen Ozean entfernt sind wie von Asien über den Pazifischen Ozean, muß man zugestehen, daß sie sich rechtzeitig umorientiert haben. Und schließlich darf man nicht übersehen, daß die amerikanische militärische Präsenz in Asien für eine wirtschaftliche Markterschließung zahlreiche Vorteile gebracht hat.

Deutsches Engagement in Asien

Sicher erscheint es objektiv zu wenig, wenn die zweitstärkste Exportnation der Welt in eine Region, in der etwa ein Viertel des Weltbruttosozialprodukts hergestellt wird und die etwa ein Drittel des Welthandels abwickelt, nur etwa 12 % ihrer gesamten Exporte liefert. Andererseits muß man erkennen, daß die deutschen Exportanteile nach Asien, einschließlich Japan, in den letzten Jahren deutlich zugenommen haben. Zuwachsraten für das Jahr 1996 für die Exporte z.B. nach Vietnam in Höhe von 51 %, auf die Philippinen von 42 %, nach Hongkong und Singapur von 19 %, nach Südkorea von 13 % und sogar nach Japan von 11 % zeigen, daß das Interesse der deutschen Wirtschaft an den asiatischen Wachstumsmärkten deutlich zunimmt.

Deutliche Exportzuwächse in 1996 ...

Deutlich geringer als das Engagement der deutschen Exportwirtschaft in Asien ist tatsächlich der Bestand an deutschen Direktinvestitionen. Hier bestätigen die Statisti-

... aber noch wenige Direktinvestitionen

ken den Eindruck, daß sich die Wirtschaft bei der Markterschließung zu sehr und zu lange auf das reine Exportgeschäft gestützt hat und zu spät bzw. zu wenig berücksichtigt hat, daß gerade in den asiatischen Wachstumsmärkten das auf Dauer gerichtete Engagement einen höheren Stellenwert hat als die reine Handelsverflechtung. In diesem Punkt muß man wohl zugeben, daß sowohl Japan als auch die USA, die in der Mehrzahl der asiatischen Länder die Liste der Auslandsinvestoren anführen, die auf mittlere Sicht erfolgreichere Markterschließungsstrategie verfolgt haben.

Für das mittelständische Unternehmen ist die Diskussion von Herausforderungen und Risiken, von „verschlafenen" Chancen und von einem Nachholbedarf wenig nutzbringend. Das typische KMU, mit einer begrenzten Produktpalette und mit begrenzten finanziellen und personellen Kapazitäten, kann in der Regel ohnehin nicht auf allen oder den wichtigsten Wachstumsmärkten gleichzeitig tätig sein und muß seine Kräfte und Fähigkeiten auf einige Märkte beschränken. Es ist wichtiger zu wissen, daß Wirtschaftswachstum und Dynamik auf vielen Märkten vorhanden sind, daß sie für die nächste Zukunft anhalten werden und daß der Wohlstand weiter steigen wird. Selbst Zahlen und Schätzungen, daß es in Asien auch außerhalb Japans eine wohlhabende Mittelschicht von einigen hundert Millionen Menschen gibt, die ein mit europäischen Standards vergleichbares Wohlstandsniveau erreicht hat, kann für ihn allenfalls als Rahmenbedingung von Bedeutung sein. Der mittelständische Unternehmer muß auf der Grundlage der objektiven Datenlage entscheiden, ob er versuchen will, an dieser Wachstums- und Wohlstandsentwicklung teilzuhaben, und dann muß er eine seiner subjektiven Situation angemessene Markterschließungsstrategie entwickeln.

Das KMU muß Chancen und Risiken aus seiner Sicht bewerten

Fazit:
- Die Wachstumsdynamik und die Wohlstandssteigerung in vielen Staaten Asiens sind objektive Tatsachen und werden für die nächsten Jahre in etwa anhalten.
- Wirtschafts- und Wohlstandsentwicklung sind allerdings in den etwa 25 Staaten Asiens sehr unterschiedlich.
- Das einzelne mittelständische Unternehmen soll sich durch die Diskussion über Chancen und Risiken eines Engagements in Asien weder verunsichern noch mitreißen lassen.
- Das KMU muß auf der Grundlage seiner Produktionspalette Gewinnerwartungen, Risiken und Kosten ab-

schätzen und mit Blick auf die Management-, Kapital- und Gesellschafterstruktur prüfen, ob sein Unternehmen für das Auslandsgeschäft geeignet und gerüstet ist.
− Dann muß der Unternehmer entweder gegen ein Asienengagement oder für eine Unternehmenspolitik entscheiden, die primär durch ein Streben nach Markterschließung und Marktsicherung und weniger durch ein kurzfristiges Gewinnstreben gekennzeichnet ist.

3 Wege auf die Märkte Asiens - Der Einstieg

Natürlich gibt es keinen „Königsweg", um sich die Märkte Asiens zu erschließen. In einem chinesischen Sprichwort heißt es sinngemäß, daß jede Reise mit dem ersten Schritt beginnt. Aber wieviele Schritte ein KMU benötigt, um von Europa Asien zu erreichen, in welcher Reihenfolge diese Schritte zu ergreifen sind und welches der erste Schritt oder die ersten Schritte sind, darüber gibt es viele Meinungen und Ratschläge, die sowohl von Land zu Land als auch von Branche zu Branche unterschiedlich sein können und auch von der individuellen Unternehmensphilosophie abhängig sind. Dennoch gibt es eine gewisse Logik für wichtige erste Schritte, insbesondere für den KMU, der absoluter „Asienneuling" oder Neuling auf einzelnen Teilmärkten ist. Asien ist unter vielen Gesichtspunkten ein so heterogener Kontinent, so daß es nicht ratsam ist, Erfahrungen auf dem japanischen Markt z.B. auf Hongkong oder Vietnam zu übertragen.

Am Anfang muß natürlich die Frage beantwortet werden, ob die Erschließung asiatischer Märkte eine ernsthafte betriebliche Alternative zu eventuell bereits bestehenden außenwirtschaftlichen Kontakten z.B. in Europa oder auch in Amerika und nicht nur ein Markt für Gelegenheitsgeschäfte sein soll. Daher steht die Beschaffung und Auswertung von Informationen über Asien insgesamt oder auch über einzelne Teilmärkte an erster Stelle, was dem KMU um so schwerer fällt, je kleiner es ist bzw. je schmaler die Führungsebene ist. Denn zumindest die Bewertung vorhandener Informationen ist „Chefsache". Tatsache ist, daß nicht fehlende Informationen das Problem sind. Inzwischen gibt es eine ständig wachsende Flut von Informationen, die von allgemeiner Literatur und Berichterstattungen in Fachzeitschriften, Zeitungen und im Fernsehen über Länder-, Markt- und Branchenanalysen vieler in- und ausländischer Institutionen bis hin zu dem nahezu unerschöpflichen Material der Bundesstelle für Außenhandelsinfor-

Es gibt keinen „Königsweg" nach Asien

Nicht fehlende Informationen sind das Problem ...

mation in Köln, eine dem Bundeswirtschaftsministerium nachgeordnete Institution, reichen. Auch die Beschaffung dieser Informationen ist kein Problem mehr; selbst aus dem Ausland kann man viele Schriften per Telefon oder Telefax ordern, und über das neue Medium Internet kann man sich die Informationen häufig sogar auf den Bildschirm direkt ins Büro holen. Das zentrale Problem ist die Auswertung und die Bewertung dieser Informationsflut, für die der Firmenchef in der Regel weder Zeit noch Geduld aufbringen mag. Daher ist es zunächst wichtig zu wissen, wer und wo die wichtigsten Informanten über das Asiengeschäft sind und welche Chancen und Risiken, Hoffnungen und Erwartungen ein Asienengagement mit sich bringt.

... sondern die Verarbeitung und Bewertung

Der beste Weg für den Einstieg scheint daher zu sein, eingestimmt durch einige Grundinformationen, persönliche Eindrücke vor Ort zu sammeln. Der Firmenchef sollte also der Redewendung „einmal sehen ist besser als tausendmal hören" folgen und sich auf eine erste Informationsreise nach Asien begeben. Allerdings ist zu empfehlen, daß er diese Reise nicht allein unternimmt, sondern daß er sich einer organisierten Delegationsreise anschließt. Dazu gibt es zahlreiche Möglichkeiten. So führen z.B. fast alle Wirtschaftsminister und auch einige Ministerpräsidenten der Bundesländer jährlich Unternehmerreisen nach Asien durch, 1997 z.B. insgesamt nahezu 50 Reisen. Außerdem organisieren Industrie- und Handelskammern, Fachverbände und auch der Ostasiatische Verein in Hamburg regelmäßig Reisen nach Asien. Alle diese Reisen haben das primäre Ziel, marktunerfahrenen Unternehmen Chancen und Möglichkeiten auf Teilmärkten nahezubringen oder markterfahrenen Unternehmen bei der Lösung etwaiger vorhandener Probleme flankierend zur Seite zu stehen. Die Programmgestaltung wird häufig mit den Reiseteilnehmern abgestimmt, so daß jeder Unternehmer die Gelegenheit erhält, individuelle Wünsche in das Programm einzubringen.

Teilnahme an einer Delegationsreise ist ein guter Einstieg

Auch die Bundesregierung, z.B. das Bundeswirtschaftsministerium oder auch der Bundeskanzler und selbst der Bundespräsident, führt in den letzten Jahren immer häufiger Reisen nach Asien durch. Für den KMU ist allerdings weniger empfehlenswert, sich um eine Teilnahme an derartigen Reisen zu bemühen. Zum einen werden die Reiseteilnehmer häufig von der Bundesregierung direkt oder über die großen Bundesfachverbände ausgewählt, so daß der kleinere Unternehmer ohnehin geringe Chancen hat, berücksichtigt zu werden; zum anderen sind die Programme

Reisen der Bundesregierung sprechen eher die Großindustrie an, ...

häufig auf hohem politischen oder wirtschaftspolitischen Niveau, so daß der kleinere KMU wenig Gelegenheit bekommt, sich über seine betrieblichen Wünsche zu informieren.

Die von den Länderwirtschaftsministerien oder den Industrie- und Handelskammern primär für die mittelständische Wirtschaft organisierten Reisen vermitteln dem Firmenchef konkreter die Eindrücke, die er zur Beurteilung benötigt, ob seine Produkte auf den besuchten Märkten eine Chance haben. Für viele Firmenchefs hat die Teilnahme an einer derartigen Informationsreise den Ausschlag gegeben, sich um einen Markteinstieg in Asien zu bemühen.

... Reisen der Länderregierungen eher den Mittelstand

Fazit:

- Für einen asienunerfahrenen KMU es gibt keinen „Königsweg" für den Einstieg in die Märkte Asiens.
- Die Informationsflut über asiatische Teilmärkte ist inzwischen so groß, daß die Auswertung und Bewertung umso schwerer fällt, je kleiner das Unternehmen ist.
- Da die Entscheidung über eine geplante Markterschließung Chefsache sein sollte, ist ein möglichst früher persönlicher Eindruck wichtig.
- Der Firmenchef oder der für das Auslandsgeschäft zuständige Mitarbeiter sollte sich einer organisierten Unternehmerreise anschließen, die von Länderwirtschaftsministerien, Industrie- und Handelskammern oder Fachverbänden angeboten werden.

4 ... und die Vorbereitung der Entscheidung

Die Vorbereitung der Entscheidung für den Markteinstieg hat eine Vielzahl unterschiedlicher Aspekte; an dieser Stelle sollen vorerst nur einige grundlegende Gedanken angesprochen werden, die dem Firmenchef helfen, seine auf einer Reise gesammelten subjektiven und daher häufig emotionalen Erfahrungen und Eindrücke zu objektivieren. Da eine derartige erste Informations- und „Schnupperreise" allenfalls in zwei bis drei Länder geführt hat, sollte er nicht den Fehler begehen, z.B. die Eindrücke aus Japan auf Singapur oder von Hongkong auf China oder von Malaysia auf Vietnam zu übertragen.

Dennoch ist die erste zu klärende Frage, ob er in einem der besuchten Länder Chancen für seine Produkte sieht. Die Entscheidung für ein bestimmtes Land oder eine begrenzte Zahl von Ländern kann durchaus produktabhängig sein. So wird der Japanbesucher wahrscheinlich beeindruckt registrieren, daß es auf den dortigen Märkten eine unglaubliche Vielzahl von Produkten mit exzellenter Qualität und hohen Preisen gibt, für die es in der Regel einen hervorragenden after-sales-service gibt. Und er wird den Eindruck mit nach Hause nehmen, daß man in Japan nur auf „Marktnischen" oder auf neuen Märkten Chancen erhoffen kann. Hat den Asienneuling seine Reise vielleicht in einige der kleinsten und häufig auch ärmsten Länder Südostasiens geführt, z.B. nach Laos, Myanmar oder Kambodscha, dann nimmt er wahrscheinlich den Eindruck mit, daß man auf diesen Märkten nahezu alle Produkte verkaufen könnte, wenn es funktionsfähige Märkte und eine zahlungsfähige Kundschaft gäbe. Zwischen diesen beiden Extremen gibt es natürlich zahlreiche Abstufungen, die aber dennoch eine erste produktbezogene Länderauswahl zulassen. So wird der Asienreisende, ob er sich nun für Investitions- oder Konsumgütermärkte interessiert, feststellen, daß man auf vielen Märkten, ob in Südkorea oder auf Taiwan, ob in Thailand oder Indonesien, eine Vielzahl von Produkten verkaufen

Aspekte für die Auswahl eines Ziellandes

kann, wenn Preis und Qualität „stimmen"; es ist keinesfalls richtig, daß man in Asien nur Produkte mit erster Qualität und niedrigsten Preisen verkaufen kann und die Finanzierung mitbringen muß.

Augenfällige Marktchancen auf Teilmärkten

Auch nur kurze Besuche in einigen Ländern und insbesondere in deren Großstädten werden dem KMU deutlich machen, daß es einige erfolgversprechende aktuelle oder zumindest potentielle Branchenmärkte gibt. Die Verkehrsprobleme und die damit im Zusammenhang stehende Umweltverschmutzung kann kein Asienreisender übersehen, im Bereich der Energieversorgung gibt es vielfältige Möglichkeiten, z.B. auch im Bereich alternativer Energien, die medizinische Versorgung läßt in vielen asiatischen Ländern noch etliche Wünsche offen, Nahrungsmittelversorgung und -verarbeitung, Verpackung, Konservierung, Kühlung und Beförderung von Nahrungsmitteln aller Art bieten zahlreiche Absatzchancen, und nicht zuletzt haben nahezu alle asiatischen Länder lange Küsten, die für Anbieter aus dem Bereich maritimer Technologien, aber auch aus dem Tourismusbereich, von Interesse sein können.

Subjektive Einschätzung der Geschäftsgepflogenheiten

Auch die emotionale Einstellung des KMU zu dem gewünschten Geschäftspartner kann bei der Grobauswahl eines Landes eine Rolle spielen. So ist weithin bekannt, daß der japanische Markt aus vielerlei Gesichtspunkten als schwierig bezeichnet wird. Sicher sollte man sich durch derartige Bewertungen, die häufig auf Vorurteilen oder falschen Informationen beruhen und teilweise der Vergangenheit angehören, nicht demotivieren lassen. Dennoch ist richtig, daß es nicht einfach ist, ein japanisches Unternehmen für eine Kontaktaufnahme mit einem ihm unbekannten ausländischen Unternehmen zu interessieren. Andererseits läuft dort der Geschäftsverkehr in der Regel in sehr festgefügten Bahnen, begleitet von einer hervorragenden Bürokratie, so daß befürchtete oder auch tatsächliche Schwierigkeiten verschwinden, wenn man die „Spielregeln" erkannt hat und beherrscht. Dagegen sind die Spielregeln und Geschäftsgepflogenheiten in etlichen anderen asiatischen Ländern weniger durchschaubar, die Bürokratie mächtig und willkürlich zugleich und die Wege zu einem erfolgreichen Geschäftsabschluß länger und umständlicher und manchmal auch recht teuer. In Hongkong wiederum, dem man nachsagt, daß es dort lediglich um das „Geldverdienen" geht, werden Geschäftsverhandlungen in der Regel zügiger und direkter abgewickelt.

Auch wenn die Geschäftsgepflogenheiten auf einzelnen Teilmärkten dem weniger asienerfahrenen KMU in der Regel nicht vertraut sind, so kann man wohl doch unterstellen, daß diese Grobklassifizierung von Ländern allgemein bekannt ist. Insofern läßt sich die Vermutung wiederholen, daß ein Firmenchef nach der Teilnahme an einer „Schnupperreise" durchaus ein Gefühl dafür erhalten hat, ob er in einem Land geschäftliche Erfolge für seine Produkte vermutet, auch wenn diese Erwartungen noch recht subjektiv begründet sind. Aber da wirtschaftliche Tätigkeit bekanntlich überwiegend durch Verhaltensweisen und Erwartungen bestimmt wird und Mobilität, Flexibilität und auch Spontaneität häufig genannte Stärken der mittelständischen Unternehmer sind, sind diese subjektiven Eindrücke durchaus die richtigen Voraussetzungen zur Entscheidung über einen Markteinstieg.

Auswahl des Ziellandes ist häufig Ergebnis subjektiver Bewertungen

Der nächste konkretisierende Schritt muß die Prüfung sein, ob mit der vorhandenen unternehmerischen und betrieblichen Struktur dieser Markteinstieg auch gewagt werden kann. Hierbei spielen die eingangs erwähnten betriebsgrößenbedingten Nachteile der mittelständischen Unternehmen eine entscheidende Rolle. Eine Aufgliederung des verarbeitenden Gewerbes nach Betriebsgrößenklassen, z.B. nach Beschäftigtenzahlen, zeigt, daß die Exportquote, also der Quotient aus Auslandsumsatz und Gesamtumsatz, umso kleiner ist, je kleiner das Unternehmen ist; dabei spielt es keine entscheidende Rolle, ob man die Größe eines Unternehmens an den Beschäftigtenzahlen oder am Umsatz mißt. Derartige Statistiken unterstreichen die im Grunde bekannte Tatsache, daß größere Unternehmen in der Regel stärker im Auslandsgeschäft engagiert sind als kleinere. Für diese Tatsache gibt es mehrere Erklärungen.

Größere KMU sind statistisch „exportfähiger" als kleine KMU

Eine naheliegende Erklärung ist die beim Mittelstand in der Regel vorzufindende schmale Führungsebene. Je kleiner das Unternehmen ist, um so deutlicher sind wichtige unternehmerische Entscheidungen beim Firmenchef konzentriert. Da die Entscheidung über das Auslandsgeschäft, insbesondere auf unbekannten Märkten, Chefsache sein sollte, ist es durchaus verständlich, daß diese Entscheidung zugunsten anderer, wichtiger erscheinender Entscheidungen aufgeschoben wird. Diese Erfahrungen haben z.B. zahlreiche Länderwirtschaftsministerien bei der Organisation von Asienreisen gemacht; häufig werden Teilnahmen an Informationsreisen trotz vorhandenem Interesse abgesagt mit der Begründung, daß es sich der Firmenchef nicht leisten kann,

Auslandsgeschäft ist „Chefsache"

sein Unternehmen für 10 bis 14 Tage „allein" zu lassen. Für die mittelstandsorientierte Außenwirtschaftspolitik der Länder zeigt sich hier übrigens ein durchaus ernst zu nehmendes Problem. Einerseits bieten sie der mittelständischen Wirtschaft mit teilweise erheblichem finanziellen und personellen Einsatz staatliche Dienstleistungen an, andererseits müssen sie feststellen, daß sich zahlreiche Unternehmen trotz Interesse und Neugier nicht in der Lage sehen, an derartigen Informationsreisen teilzunehmen. So kann es durchaus dazu kommen, daß in guter Absicht geplante Reisen entweder nicht zustande kommen oder sich eine so heterogene Reisedelegation zusammenfindet, daß nicht jedem Teilnehmer alle Wünsche und Erwartungen erfüllt werden können.

Management ausreichend für das Asiengeschäft?

Wenn sich der KMU zur näheren Prüfung eines Asienengagements entschlossen hat, sollte er sehr genau überlegen, ob er die dafür geeigneten Managementkapazitäten hat bzw. ob er bereit ist, das Management entsprechend auszuweiten. Dabei muß er berücksichtigen, daß die Markterschließung auf unbekannten Märkten mehr Zeit erfordert als auf vertrauten Märkten z.B. in Europa oder auch in Nordamerika. Bei seiner personellen Entscheidung muß der Firmenchef daher einkalkulieren, daß er eine Führungskraft für einen Zeitraum von etwa drei bis fünf Jahren für den Aufbau neuer Geschäftskontakte einsetzen muß, und zwar möglichst als Vollzeitarbeitskraft. Die überall zu hörenden oder nachzulesenden Warnungen, daß gerade die asiatischen Märkte und Geschäftspartner eine besonders intensive und nachhaltige Pflege und Betreuung erwarten, sollten nicht auf die „leichte Schulter" genommen werden. In diesem Zusammenhang sei auch auf das Buch von Sung-Hee Lee „Asiengeschäfte mit Erfolg" verwiesen (vgl. Lee, 1997). Bei der Auswahl eines für das Asiengeschäft zuständigen leitenden Mitarbeiters sollte der Firmenchef daher auch darauf achten, daß sich dieser zumindest einige Grundkenntnisse über die Zielländer, die gesellschaftlichen Strukturen und die Geschäftsgepflogenheiten aneignet. Fahrlässig oder unwissentlich begangene Fehler können schneller und nachhaltiger erste Geschäftskontakte behindern, als ein nur mit den westlichen wirtschaftlichen Spielregeln vertrauter Manager erahnt. Betriebswirtschaftlich gesehen bedeuten diese Überlegungen, daß der Firmenchef bereit sein muß, zumindest auf mittlere Sicht zusätzliche Personalkosten zu übernehmen.

4 ... und die Vorbereitung der Entscheidung

An diese Überlegungen schließen sich nahtlos die nächsten Konsequenzen an. Der Aufbau von Geschäftskontakten, der bei so unterschiedlichen Gesellschaftsstrukturen, wie sie zwischen Europa und Asien bestehen, mit dem Aufbau eines Vertrauensverhältnisses beginnen sollte, verlangt eine Vielzahl von Vorleistungen, deren Gegenwert noch nicht erkennbar ist. Dazu gehören z.B. intensive Informationsvermittlung über das eigene Unternehmen, über die Produktionspalette, Produktionsverfahren, zumindest in englischer Sprache, besser natürlich in der Landessprache, dazu gehören u.U. auch die kostenlose Lieferung von Warenmustern, die Erstellung von Pilotanlagen, Gespräche mit den Partnern vor Ort, Sondierungen mit der örtlichen Bürokratie, Einladungen an die Geschäftspartner zu einem Besuch in Deutschland, eventuell Ausbildung ausländischer Führungskräfte an den deutschen Maschinen im Betrieb in Deutschland und ähnliches mehr. Alle diese Vorleistungen kosten natürlich Geld, die der KMU kalkulieren und aus dem laufenden Geschäft finanzieren muß. Eine Überprüfung der bestehenden Betriebsmittelkreditlinie bei der Hausbank ist zweckmäßig. Vorsorglich sind auch Sondierungsgespräche mit der Hausbank zu empfehlen, um die Voraussetzungen für die Aufstockung der Betriebsmittelkreditlinie zu klären. Denn einer der zentralen betriebsgrößenbedingten Nachteile der mittelständischen Wirtschaft ist, daß sie leichter und schneller als Großunternehmen in Finanzierungsschwierigkeiten hineinlaufen, wenn sie in neue Geschäftsfelder vordringen. Die übliche Frage der Hausbank nach den Sicherheiten kann der KMU lediglich mit seiner Absicht beantworten, mit einem unbekannten Geschäftspartner z.B. in China oder in Indonesien oder sonstwo in Asien Geschäftskontakte aufzubauen. Da bekanntlich die Risikobereitschaft unseres Bankensystems nicht sehr ausgeprägt ist, kann es also im konkreten Fall bereits zu Finanzierungsproblemen kommen, wenn es lediglich darum geht, eine höhere Betriebsmittelkreditlinie zur Finanzierung der sog. Anlauf- oder Vorlaufkosten zu erhalten.

Die Finanzierungsschwierigkeiten können zunehmen, wenn sich die ersten Geschäftskontakte positiv entwickeln und irgendwann ein mittelfristiges Engagement vor Ort für erforderlich gehalten wird, sei es z.B. durch die Gründung einer Vertretung oder einer Verkaufsniederlassung oder einer wie auch immer gearteten Kooperation mit dem ausländischen Partner. Immer dann, wenn ein mittelfristiger

Finanzierung der Vorlaufkosten gesichert?

Sicherheiten vorhanden?

Investitionsfinanzierung mit Fremd- oder Eigenmitteln darstellbar?

Kapitalbedarf erforderlich erscheint, können sich die betriebsgrößenbedingten Nachteile des Mittelstandes schmerzlich bemerkbar machen. Und auch darauf wurde eingangs schon hingewiesen, daß es ein typisches Merkmal der Globalisierung der Wirtschaftsbeziehungen ist, daß Auslandsmärkte immer weniger allein durch das Exportgeschäft erschlossen werden können und immer mehr die Bereitschaft zur Kooperation und damit zu Investitionen vorhanden sein muß. Der realistisch und weitdenkende Unternehmer sollte sich daher schon in diesem frühen Stadium erste Gedanken darüber machen, ob die Kapitalstruktur und eventuell auch die Gesellschafterstruktur seines Unternehmens ein zusätzliches Auslandsgeschäft zulassen. Je längerfristig der Fremdfinanzierungsbedarf ist, umso wichtiger wird die Frage nach den vorhandenen oder mobilisierbaren Sicherheiten, und bei dem Wunsch einer Kreditfinanzierung wird eine der ersten Fragen der Banken sein, welche zusätzlichen Leistungen die Gesellschafter aufbringen können.

Fazit:

- Angesichts der bestehenden Unterschiede in Niveau und Entwicklung von Wirtschaft und Wohlstand in den verschiedenen asiatischen Staaten ist es ratsam, sich bei der Entscheidung für ein Engagement in Asien vorerst auf ein Land oder zumindest eine kleine Zahl von Ländern zu beschränken.
- Diese Entscheidung ist einerseits produktabhängig, wird aber auch emotional durch Sicherheitsüberlegungen oder Risikofreude des Firmenchefs beeinflußt.
- Die Teilnahme an einer von verschiedenen Institutionen angebotenen Informationsreise kann daher eine gute Entscheidungshilfe sein.
- Die nächsten Überlegungen sind betrieblicher Natur und sollten sich mit dem vorhandenen Managementpotential auseinandersetzen.
- Dabei sollte beachtet werden, daß man Märkte in Asien nicht „nebenbei" erschließen kann, sondern daß diese Aufgabe „einen ganzen Mann" - der natürlich auch eine Frau sein kann - und einen Zeitraum von mindestens drei Jahren erfordert.
- Es ist wünschenswert, wenn der für das Asiengeschäft zuständige leitende Mitarbeiter die Bereitschaft mitbringt, sich positiv, konstruktiv, kritisch und ohne Vor-

urteile mit den andersartigen Gesellschaftsstrukturen und Geschäftsgepflogenheiten in Asien auseinanderzusetzen.
- Die nächsten Überlegungen sollten der Frage dienen, ob die Finanzierung der Vorlaufkosten, denen in der Regel keine Einnahmen gegenüberstehen, sichergestellt werden kann bzw. unter welchen Bedingungen eine Aufstockung der Betriebsmittelkreditlinie möglich ist.
- Schließlich ist empfehlenswert, auch an die etwas fernere Zukunft zu denken, wenn also nach einer erfolgreich bewältigten Anlaufphase ein mittelfristiges Engagement in Form von Kooperationen und Investitionen erforderlich wird.
- Hierbei sollte nicht nur daran gedacht werden, ob für eine Bankfinanzierung die erforderlichen zusätzlichen Sicherheiten vorhanden sind, sondern auch, ob die Gesellschafter bereit und in der Lage zu zusätzlichen Leistungen sind.

5 Dominieren die Chancen oder die Risiken in Asien?

Bisher wurde vom Mittelstand bzw. von KMU gesprochen, als ob es sich hier um eine mehr oder weniger homogene Gruppe handelt; das ist aber keineswegs zutreffend. Bei der Aufgliederung der mittelständischen Wirtschaft wird von den drei üblichen Kriterien Umsatz, Beschäftigte und Kapital hier die Beschäftigtenzahl als Unterscheidungskriterium verwendet. Beschränkt man sich auf das verarbeitende Gewerbe, dann haben etwa 60 % aller Betriebe in Deutschland weniger als 20 Beschäftigte. Ein Mitglied dieser Gruppe kann bei der Entscheidungsvorbereitung leicht zu dem Ergebnis kommen, daß die Risiken einer Markterschließung höher einzuschätzen sind als die Chancen. Eine gewisse Bestätigung dieser Einschätzung erhält man aus der Statistik über die Exporte nach Betriebsgrößengruppen, die allerdings nur auf Sonderauswertungen oder Umfrageergebnissen basiert; eine offizielle Außenhandelsstatistik nach Betriebsgrößen gibt es nicht. Danach hat diese unterste Gruppe der mittelständischen Wirtschaft nach der eingangs erwähnten Definition eine Exportquote von etwa 10 %, das heißt also, daß etwa 60 % aller deutschen Betriebe des verarbeitenden Gewerbes lediglich 10 % ihres Gesamtumsatzes im Ausland verdienen. Reelle Marktchancen können sich Betriebe dieser Gruppe auf dem Weltmarkt wahrscheinlich nur ausrechnen, wenn sie innovative Produkte anbieten oder die Befriedigung eines Nischenmarktes anstreben.

Der nächsten Gruppe mit 20 bis 50 Beschäftigten gehören etwa 20 % aller Betriebe an, in der die Exportquote ebenfalls bei der Größenordnung von 10 % liegt. Erst in der Gruppe mit Beschäftigtenzahlen zwischen 100 und 500, auf die etwa 10 % aller Betriebe des verarbeitenden Gewerbes entfallen, erreicht die Exportquote einen Wert von mehr als 20 %. Hier wird also ein gutes Fünftel des gesamten Geschäftserfolges vom Auslandsgeschäft bestimmt, so daß man unterstellen kann, daß diese Unternehmen ohne ein

Auslandsengagement der KMU hängt von der Größe ab

Die Exportquote steigt im Durchschnitt mit wachsender Beschäftigtenzahl

ständiges Auslandsengagement um ihre Existenz bangen müssen. Das kann bedeuten, daß sie gezwungen sind, sich um die asiatischen Wachstumsmärkte zu bemühen, wenn die „Heimatmärkte" in Europa nur noch geringe Zuwächse erwarten lassen.

Die Betriebe der letzten Gruppe, die mit 500 und mehr Beschäftigten die Großbetriebe ausmachen, haben eine Exportquote von gut 35 %; sie sind ohne ein ständig wachsendes Auslandsgeschäft in ihrer Existenz gefährdet. Auf diese Gruppe entfallen in Deutschland allerdings nur gut 2 % aller Betriebe des verarbeitenden Gewerbes.

Als KMU bezeichnet man in der Regel Unternehmen mit bis zu 500 Beschäftigten, die insgesamt durchschnittlich eine Exportquote von knapp 20 % haben. Bezieht man in das Auslandsengagement neben dem Exportgeschäft auch das Importgeschäft, Auslandsvertretungen oder Auslandsniederlassungen mit ein, dann sind nach einer Studie des HWWA - Institut für Wirtschaftsforschung Hamburg mit dem Titel „Kleine und mittlere deutsche Unternehmen in Asien" (vgl. Borrmann, A. u.a. 1996) nur etwa 7 % der KMU international tätig, dagegen 36 % der Großunternehmen. Aus diesem kurzen Exkurs in die Statistik wird deutlich, daß statistisch das Auslandsengagement der KMU umso geringer ist, je kleiner der Betrieb ist und daß die Überlegungen zur Entscheidungsvorbereitung für den Weg nach Asien daher auch sehr unterschiedlich sein können. In dem kleineren Betrieb, in dem die Stimme des Firmenchefs ausschlaggebend ist, werden häufig subjektive und emotionale Überlegungen eine größere Rolle spielen, zumal einerseits die Notwendigkeit zu einem verstärkten Auslandsengagement nicht ausreichend erkannt wird und andererseits Unwissenheit und Scheu vor der „Exotik" unbekannter Märkte die Gedanken beeinflussen. In größeren Betrieben, in denen die existentielle Notwendigkeit des Auslandsgeschäftes bereits erkannt wurde, werden rationale Überlegungen und der „Rechenstift" die Entscheidung dominieren.

Wege der Entscheidungsvorbereitung können größenabhängig sein

Das außenwirtschaftspolitische Instrumentarium erreicht nicht die kleinen KMU

Das Wissen über betriebsgrößenbedingte Unterschiede im Auslandsengagement der KMU ist für die Formulierung der Außenwirtschaftspolitik bei Bund und Ländern von entscheidender Bedeutung. Wünschenswert wäre, wenn finanzielle und nicht finanzielle außenwirtschaftliche Förderungsinstrumente auf die unterschiedlichen Wege einer Entscheidungsvorbereitung Rücksicht nehmen. In der Antwort der Bundesregierung auf die „Große Anfrage zur

Unterstützung deutscher Unternehmen auf den Weltmärkten und zur Sicherung von Arbeitsplätzen durch eine umfassende Außenwirtschaftskonzeption" heißt es u.a.: „Eine weitere Heranführung dieser Unternehmen (Mittelstand) an die Auslandsmärkte ist das überragende Ziel der Außenwirtschaftsförderung von Bund und Ländern". Liest man allerdings die Ergebnisse und Empfehlungen des Bundesverbandes der Deutschen Industrie aus einer Unternehmerbefragung zum Thema „Beurteilung des staatlichen deutschen Außenwirtschaftsförderungssystems", dann gewinnt man den Eindruck, daß sich das außenwirtschaftliche Förderungsinstrumentarium primär an größere KMU und damit an solche KMU wendet, die zumindest auf Teilmärkten schon gute Auslandserfahrungen haben. Die Bemühungen um die kleineren KMU, die aus unterschiedlichen Gründen noch nicht im Ausland tätig sind bzw. nur das Gelegenheitsgeschäft betreiben, obwohl sie interessiert sind und auch exportfähige Produkte haben, werden demgegenüber eher vernachlässigt oder den Initiativen der Länder überlassen. Aber gerade diese Gruppe verdient zumindest aus zwei Gründen besondere Aufmerksamkeit; zum einen kann bei ihnen ein erhebliches Exportpotential vermutet werden, das zur Schaffung von Arbeitsplätzen mobilisiert werden sollte, und zum anderen ist die viel zitierte Flexibilität und Mobilität der kleineren Unternehmen häufig auch mit einer überbetonten Selbständigkeit und Eigenwilligkeit und vielleicht auch „Sturheit" der Firmenchefs gepaart, die eine besondere Ansprache erforderlich machen, wenn man sie in die außenwirtschaftspolitische Flankierung einbinden möchte. Darüber hinaus leidet gerade diese Gruppe der KMU besonders unter den objektiven betriebsgrößenbedingten Nachteilen.

Eine Möglichkeit, diesen „Noch nicht -" oder „Gelegenheitsexporteuren" das Asiengeschäft interessant zu machen, kann darin bestehen, ihnen beim Aufbau eines Netzwerkes von Informanten, Kontaktstellen und Ansprechpartnern behilflich zu sein, das man als einen wesentlichen Vorteil der „global players" bezeichnet. Für die mittelständischen Unternehmen gibt es dann trotz der hohen Risiken des Asiengeschäfts realistische Chancen, wenn sie bereit sind, diese Flankierungsmöglichkeiten anzuerkennen und auch anzunehmen.

Fazit:
- Eine Aufgliederung der KMU nach Beschäftigten zeigt eine deutliche Differenzierung hinsichtlich der Eingliederung in das Auslandsgeschäft.
- Gemessen an der Exportquote haben Betriebe mit bis zu 50 Beschäftigten eine Exportquote von etwa 10 %; das bedeutet, daß für sie das Auslandsgeschäft eine geringe Bedeutung hat.
- Mit steigenden Beschäftigtenzahlen nehmen die Bedeutung des Exportgeschäftes und damit die Exportquoten zu; Betriebe mit 500 und mehr Beschäftigten sind in der Regel auf das Auslandsgeschäft zwingend angewiesen.
- Über die Konzentration des Auslandsgeschäfts in den KMU insgesamt und innerhalb der einzelnen Größenklassen gibt es keine gesicherten Statistiken; man muß davon ausgehen, daß eine große Zahl von KMU entweder gar nicht oder nur sehr unregelmäßig im Ausland engagiert ist.
- Je kleiner die Betriebe sind, umso häufiger und auch deutlicher werden Entscheidungen, ins Ausland zu gehen, von persönlichen und emotionalen Überlegungen bestimmt.
- Außenwirtschaftspolitische Bemühungen, Betriebe zu einem zusätzlichen Auslandsengagement zu motivieren und zusätzliche Betriebe für das Auslandsgeschäft zu interessieren, müssen auf die unterschiedlichen Beweggründe einer Entscheidungsvorbereitung Rücksicht nehmen.
- Das außenwirtschaftspolitische Instrumentarium der Bundesregierung bevorzugt eher die größeren KMU bzw. die bereits im Ausland engagierten KMU.
- Eine Verbesserung des außenwirtschaftlichen Förderungsinstrumentariums muß sich auch und insbesondere mit der Frage auseinandersetzen, wie ein noch nicht vorhandenes Exportinteresse geweckt werden kann und wie objektive und subjektive Hemmnisse und Hemmungen vor unbekannten Auslandsmärkten überwunden werden können.
- Ein Weg kann sein, den KMU beim Aufbau eines Netzwerkes an Informanten, Kontaktstellen und Ansprechpartnern behilflich zu sein.

6 Die ersten konkreten Schritte - Die gezielte Sammlung von Informationen

Ist die Entscheidung für ein Asienengagement gefallen, dann sollte an erster Stelle die gezielte Sammlung möglichst konkreter Informationen stehen, die primär zwei Fragestellungen betreffen:

- Was muß ich über meine zukünftigen Geschäftspartner in Asien wissen?
- Wer hilft mir in Deutschland und in Asien bei der Vorbereitung und Umsetzung meiner geschäftlichen Interessen?

Bei dem ersten Fragenkomplex handelt es sich um eine Beschäftigung mit den Gesellschaftsstrukturen in Asien und der sich daraus ableitenden Geschäftsmentalität und den Verhandlungsgepflogenheiten. Man sollte also wissen und auch beherzigen, daß in Asien nicht immer ein nüchterner, rationaler Verhandlungsstil, die besseren Konditionen und die besseren Argumente über den Geschäftserfolg entscheiden, sondern daß Konsensdenken, das persönliche Vertrauensverhältnis und das „Gesicht wahren" bzw. das „Gesicht nicht verlieren" von ausschlaggebender Bedeutung sein können. Der deutsche Geschäftsmann sollte daher bei allen seinen Schritten und Gesprächen stets darauf achten, daß er nicht versucht, seine Gesprächspartner von der Überlegenheit westlicher Methoden, Verfahren oder Produkte zu überzeugen, sondern daß er sich bemüht, sich den asiatischen gesellschaftlichen und geschäftlichen Gepflogenheiten anzupassen. Daher wäre empfehlenswert, wenn der erstmalig nach Asien reisende Geschäftsmann vor Reiseantritt ein bis zwei allgemein einführende Bücher liest; ohne Anspruch auf Vollständigkeit wären z.B. zu empfehlen:

- Barbara und Peter Odrich: Südostasien für Manager

Informationen ...

... über die geschäftlichen Gepflogenheiten in Asien ...

– Sung-Hee-Lee: Asiengeschäfte mit Erfolg

Diese leicht und flüssig geschriebenen Bücher vermitteln dem Asienneuling einen guten Überblick über das, was ihn am anderen Ende der Welt erwartet. Sofern auch schon einige kurze Informationen über einzelne asiatische Länder gewünscht werden, bietet sich das Wirtschaftshandbuch „Asien - Pazifik" des Ostasiatischen Vereins in Hamburg an.

... und über wichtige Adressenverzeichnisse

Zur Orientierung für den zweiten Fragenkomplex sollte der Firmenchef einige wenige Handbücher und Nachschlagewerke anschaffen, um die wichtigsten Institutionen und ihre Adressen jederzeit griffbereit zu haben; hier wären z.B. zu nennen:

- die im Verlag des Bundesanzeigers erschienenen Veröffentlichungen über deutsche diplomatische Vertretungen im Ausland und über ausländische diplomatische Vertretungen in Deutschland
- die Exportfibel des Bundeswirtschaftsministeriums, in der u.a. die Adressen der Auslandshandelskammern aufgeführt sind
- das von der IHK-Gesellschaft zur Förderung der Außenwirtschaft und Unternehmensführung mbH in Bonn herausgegebene Nachschlagewerk „Kontaktstellen für die deutsche Außenwirtschaft"
- der von mehreren Institutionen herausgegebene und von Volker Sach und Gunther Schilling verfaßte Leitfaden „Förderprogramme und Finanzierungsinstrumente für Asien".

Den genauen Nachweis für die erwähnten Publikationen enthält das Literaturverzeichnis am Ende dieses Leitfadens. Außerdem wird dringend empfohlen, daß sich der KMU mit der Bundesstelle für Außenhandelsinformation (BfAI) in Köln vertraut macht. Diese dem Bundeswirtschaftsministerium nachgeordnete Institution hat inzwischen 12 Korrespondenten im asiatisch-pazifischen Raum und veröffentlicht eine Vielzahl von Projektinformationen, Ausschreibungen ausländischer Stellen, Rechts- und Zollinformationen, Markt- und Branchenanalysen, Länderberichte und sonstige Hinweise und Tips für die Geschäftspraxis. In einem Sammelband sind alle vorrätigen Veröffentlichungen, die zu moderaten Preisen abgegeben werden, zusammengefaßt.

Durch eine derartige erste Sammlung von Informationen kann sich der noch asienunerfahrene KMU mit den im

6 Die ersten konkreten Schritte - die gezielte Sammlung von Informationen

Asiengeschäft engagierten Institutionen vertraut machen und so fehlende Erfahrungen ein wenig ausgleichen. Sofern das Unternehmen Mitglied in einem Fachverband ist, sollte diese Informationsmöglichkeit natürlich nicht übergangen werden; alle wichtigen Fachverbände haben zumindest auf Bundesebene ein vielseitiges Wissen über das Asiengeschäft.

Die Kenntnis von Institutionen, Adressen und Ansprechpartnern sagt allerdings noch lange nichts darüber aus, welche Hilfestellung der KMU im konkreten Fall von ihnen erwarten kann. Nicht nur in Asien, sondern auch in Deutschland kann man feststellen, daß die Auskunftsfreudigkeit und Hilfsbereitschaft vom Bekanntheitsgrad zwischen Fragesteller und Antwortendem abhängig sein kann. Daher wird insbesondere dem kleineren KMU geraten, sich zuerst mit den Institutionen in seiner Nähe in Verbindung zu setzen; das sind z.B. das Landeswirtschaftsministerium, die Industrie- und Handelskammer, in der er Mitglied ist, oder die Wirtschaftsförderungsgesellschaft, die es in der einen oder anderen Form in jedem Bundesland gibt. Dort findet er zwar nicht die Fachleute, die auf allen Märkten Asiens „zu Hause" sind und die ihn fachlich und kompetent beraten können. Aber er findet Ansprechpartner, deren primäre Aufgabe die Außenwirtschaftsförderung ist, und die aus ihrer beruflichen Erfahrung Tips und Hinweise geben können, wie man geeignete Wege und Ansprechpartner findet.

Erster Tip:
„Ansprechpartner in Ihrer Nähe"

Fazit:
- Die ersten konkreten Schritte zur Markterschließung dienen der gezielten Sammlung von Informationen.
- Die Informationssammlung sollte unter den Fragestellungen „Was erwartet mich im Umgang mit asiatischen Geschäftspartnern" und „Wer hilft mir in Deutschland und in Asien bei der Anknüpfung von Geschäftskontakten" erfolgen.
- Zum ersten Themenkomplex ist es empfehlenswert, einige einführende Bücher über Gesellschaftsstrukturen und Geschäftsgepflogenheiten in Asien zu lesen.
- Zum zweiten Komplex sollte man einige Nachschlagewerke über Institutionen anschaffen, deren Schwerpunktaufgabe das Auslandsgeschäft ist.
- Auf jeden Fall sollte man sich über das Informationsangebot der Bundesstelle für Außenhandelsinformation in Köln informieren.

- Insbesondere dem „Asienneuling" wird empfohlen, sich zuerst mit den zuständigen Institutionen in seinem Bundesland in Verbindung zu setzen.
- Außerdem wird auf das Literaturverzeichnis und die Anhänge in diesem Leitfaden verwiesen.

7 Messebeteiligung - Eine Alternative zur Delegationsreise

Eine allgemein bekannte Tatsache ist, daß die Teilnahme an Messen ein effizienter Weg zur Erschließung neuer Märkte und Kunden ist. Allerdings gibt es auch hier für den an Asien interessierten KMU etliches zu beachten. Eine kostengünstige Möglichkeit ist die Teilnahme an internationalen Messen in Deutschland; da Deutschland einer der wichtigsten Messeplätze der Welt ist, nehmen regelmäßig zahlreiche Firmen aus vielen asiatischen Ländern an deutschen Fach- und Querschnittsmessen teil, und zwar sowohl als Aussteller als auch als Besucher. Der mittelständische Unternehmer kann also als Aussteller oder als Besucher von Messen in Frankfurt, Düsseldorf, München oder an anderen internationalen Messeplätzen potentielle Kunden aus Asien kennenlernen. Allerdings entbindet ihn die Teilnahme an deutschen Messen nicht von der Notwendigkeit, sich vorher ein wenig mit der asiatischen Geschäftsmentalität vertraut zu machen; er könnte sonst Gefahr laufen, Verhaltensweisen seiner Gesprächspartner falsch einzuschätzen.

Teilnahme an einer internationalen Inlandsmesse, ...

Der entscheidende Vorteil einer Teilnahme auf einer asiatischen Messe ist natürlich, daß sich der KMU neben dem Kundenkontakt einen ersten Eindruck von der Atmosphäre des asiatischen Messeplatzes verschaffen kann. Durch ein persönlich gestaltetes Rahmenprogramm oder durch einen Anschlußaufenthalt hat er so die Möglichkeit, sich von der wirtschaftlichen Dynamik und von den Marktchancen seiner Produkte ein erstes Bild zu verschaffen. Natürlich sind Teilnahmen auf asiatischen Messen deutlich teurer als Messen in Deutschland, allein schon durch die Flugkosten und die hohen Hotelkosten. Zudem ist Asien nun wirklich kein einheitlicher Markt, und der Messeplatz Seoul ist nicht zu vergleichen mit dem Messeplatz Singapur und Tokyo nicht mit Hanoi. Außerdem darf man als Aussteller nicht den Fehler machen, von sog. internatio-

... besser an einer Messe in Asien

Das Messewesen in Asien ist noch in der Entwicklung, ...

nalen Messen in Asien den gleichen Standard und die gleiche Qualität zu erwarten wie von internationalen deutschen Messen. So hat häufig eine als international bezeichnete Messe auf dem noch unterentwickelten Messeplatz Manila allenfalls den Standard einer deutschen Regionalmesse. Selbst in Japan entwickelten sich die Messen erst in den letzten Jahren zu Ordermessen und hatten lange Zeit den Charakter von Informationsmessen. Erst im Laufe der letzten Jahre haben sich deutsche Messedurchführungsgesellschaften die asiatischen Messeplätze erschlossen und organisieren Messen nach deutschen Qualitätsanforderungen. Allerdings haben die asiatischen Messebesucher häufig noch nicht den Wechsel vollzogen, treten also als „Prospektsammler" auf und scheuen häufig das direkte Gespräch, teilweise auch durch Sprachschwierigkeiten zu erklären. Ein deutscher Aussteller, der bisher nur Erfahrungen auf deutschen oder europäischen Messen hat, kann also durchaus von einer ersten Messeteilnahme in Asien enttäuscht zurückkehren und den Mut verlieren, einen zweiten Versuch zu wagen. Daher ist es nicht unbedingt empfehlenswert, unvorbereitet und praktisch als einen ersten Versuch der Markterschließung an einer Messe in z.B. New Delhi oder in Jakarta oder in Ho Chi Minh City teilzunehmen, zumindest nicht als Einzelaussteller.

... daher ist ein Vergleich verschiedener Messeplätze wichtig

Da es inzwischen eine nahezu unübersehbare Zahl von Messen, und zwar auch Fach- und Branchenmessen, in Asien gibt, sollte die Auswahl eines Messeplatzes sehr sorgfältig vorbereitet werden. Ein Hersteller aus dem Bereich der Umwelttechnologie sollte genau überlegen, ob er eine Umweltmesse in Japan, in Südkorea, in Singapur oder in Jakarta besucht. Da das Umweltbewußtsein in den einzelnen Ländern und damit die Umweltschutzpolitik deutlich voneinander abweichen, können die Anforderungen an die Produkte und an die Qualitäten auf den einzelnen Märkten sehr unterschiedlich sein. Zumindest für den Einzelaussteller kann man aus diesen Ausführungen den Schluß ziehen, daß die Messeteilnahme keine echte Alternative zur Teilnahme an einer Delegationsreise ist, weil die Messebeteiligung eine produktbezogene Auswahl eines Landes und damit gewisse Marktkenntnisse bereits voraussetzen sollte.

Das ist ein wenig anders, wenn sich ein KMU einer Messegemeinschaftsbeteiligung anschließt, also mit anderen Unternehmen auf einem Gemeinschaftsstand ausstellt. Derartige Gemeinschaftsstände sind durch den „Mengeneffekt" zudem kostengünstiger als die Einzelbeteiligung. Gemeinschaftsbeteiligungen werden vom Bundeswirtschaftsministerium, von einzelnen Fachverbänden und insbesondere von den Länderwirtschaftsministerien angeboten.

Eine gute Entscheidung: Teilnahme an einem Gemeinschaftsstand

Das Auslandsmesseprogramm der Bundesregierung enthält etwa 100 offizielle Messebeteiligungen in Asien. Partner der Bundesregierung bei der Vorbereitung des offiziellen Messeprogrammes ist der Ausstellungs- und Messe-Ausschuß der Deutschen Wirtschaft (AUMA) in Köln. In einem Arbeitskreis beim AUMA, dem die Verbände und Spitzenorganisationen der deutschen Wirtschaft, die zuständigen Bundesministerien und z.B. auch das Presse- und Informationsamt der Bundesregierung angehören, werden die Messen ausgewählt, auf denen eine deutsche offizielle Gemeinschaftsbeteiligung vorgesehen ist. Die Teilnahme an einem derartigen Gemeinschaftsstand wird aus Bundesmitteln finanziell gefördert. Allerdings erhalten die teilnehmenden Unternehmen keinen Zuschuß zu ihren Messekosten, sondern die Förderung wird in indirekter Form gewährt. So ist z.B. der m²-Preis für die Standfläche in der Regel günstiger als er von der ausländischen Messegesellschaft angeboten wird, die zentrale Organisation der Gemeinschaftsbeteiligung durch eine Durchführungsgesellschaft spart dem einzelnen Unternehmen Zeit und Geld, häufig ist die Bundesregierung mit einem Informationsstand vertreten, und darüber hinaus hat die Teilnahme an einem deutschen Gemeinschaftsstand zusätzlichen werbenden Charakter. Über alle Fragen im Zusammenhang mit dem Auslandsmesseprogramm der Bundesregierung informiert der AUMA, so daß das an einer Auslandsmesse interessierte Unternehmen hier einen wichtigen und kompetenten Ansprechpartner hat. Der AUMA veröffentlicht übrigens u.a. jedes Jahr ein Handbuch, in dem alle wichtigen Messen im Ausland, also nicht nur die Messen mit einer deutschen Gemeinschaftsbeteiligung, mit wissenswerten Kurzinformationen aufgeführt sind. Es soll noch einmal betont werden, daß das einzelne Unternehmen die finanziellen und nicht finanziellen Vorteile nur dann erhält, wenn es sich an dem Gemeinschaftsstand beteiligt; ein Einzelaussteller auf einer Messe, auf der es eine deutsche

Auslandsmesseprogramm der Bundesregierung

Gemeinschaftsbeteiligung gibt, erhält natürlich keine Förderung. Außerdem sollte erwähnt werden, daß unter bestimmten Voraussetzungen Unternehmen aus den neuen Bundesländern eine zusätzliche Förderung erhalten können, hierüber informiert u.a. der AUMA.

Messeförderung der Länder

Neben dem Bund haben nahezu alle Länder eigene Messeprogramme, die mit einer finanziellen Förderung verbunden sind. Allerdings sind die Förderkonditionen recht unterschiedlich; so fördern z.B. einige Länder nur die Teilnahme an Gemeinschaftsständen, während andere Länder unter bestimmten Voraussetzungen auch eine Förderung für den Einzelaussteller gewähren. Außerdem werden die im Zusammenhang mit einer Messeteilnahme anfallenden Kosten in unterschiedlicher Weise gefördert; praktisch alle Länder mit einem Messeprogramm geben Zuschüsse zu den Kosten eines Standes, also für die Standmiete und die Aufbau- und Abbaukosten. Dagegen gibt es keine Förderung für die Reise- und Aufenthaltskosten für das Standpersonal. Die Unterschiede der Messeförderung in den einzelnen Ländern liegen zum einen in der Einbeziehung sonstiger Kosten in die Förderung, wie z.B. Werbungskosten, Inanspruchnahme von Dolmetscherdiensten und ausländischem Standpersonal, zum anderen in den Prozentsätzen, für die einzelne Kostenkategorien eine Förderung erhalten. Die Messeförderung der Länder richtet sich nahezu ausschließlich an die mittelständische Wirtschaft. Wichtig zu wissen ist, daß ein einzelnes Unternehmen nicht sowohl eine Bundesförderung als auch eine Landesförderung erhalten kann; die sog. Doppelförderung ist durch Absprache zwischen Bund und Ländern ausgeschlossen. Der AUMA veröffentlicht jährlich eine Broschüre, in der die offiziellen Gemeinschaftsbeteiligungen von Bund und Ländern abgedruckt sind. So kann sich z.B. ein KMU informieren, ob ein anderes Bundesland auf einer bestimmten Messe eine Gemeinschaftsbeteiligung durchführt, auf dem „sein" Bundesland nicht vertreten ist. Er hat dann u.U. die Möglichkeit, an dem Gemeinschaftsstand jenes Bundeslandes teilzunehmen und aus dem Messeprogramm seines Bundeslandes eine Förderung zu erhalten.

Vorteile von Gemeinschaftsbeteiligungen durch zentrale Organisation ...

Die Teilnahme an der Gemeinschaftsbeteiligung eines Landes bietet dem mittelständischen Unternehmer über die finanzielle Förderung etliche zusätzliche Vorteile. So werden die Gemeinschaftsbeteiligungen häufig zentral organisiert, z.B. durch das jeweilige Landeswirtschaftsministerium, durch eine Industrie- und Handelskammer oder auch durch eine Wirtschaftsförderungsgesellschaft; der KMU braucht sich also nur um seine betrieblichen Belange zu kümmern. In der Regel sucht die organisierende Stelle durch Veröffentlichungen, Umfragen und Briefaussendungen nach Teilnehmern, lädt die interessierten Unternehmen zu gemeinsamen Gesprächen ein und erörtert praktische Fragen der Messedurchführung, wie z.B. Größe der insgesamt anzumietenden Ausstellungsfläche, Aufteilung der Fläche auf die teilnehmenden Firmen und werbewirksame Ausgestaltung des Gemeinschaftsstandes. Diese Dienstleistungen sind immer dann von besonderer Bedeutung, wenn es sich um eine Beteiligung an einer Fachmesse handelt. In diesem Fall sollen und müssen Unternehmen zusammengeführt werden, die normalerweise in einer gewissen Konkurrenzbeziehung zueinander stehen. Bei der weiter oben erwähnten Selbständigkeit insbesondere der KMU ist das nicht immer ein leichtes Unterfangen. Erschwerend kommt hinzu, daß die Organisationsdienstleistung unter dem Gesichtspunkt der Markterschließung angeboten wird, also für solche Messen, die bisher noch nicht auf der „Wunschliste" der Unternehmen standen. Der an einer Markterschließung in Asien interessierte KMU muß also schon im Rahmen seiner Entscheidungsvorbereitung eine gewisse Vorstellung entwickelt haben, ob z.B. eine in Kuala Lumpur angebotene Messe für Medizintechnik für ihn von Interesse sein könnte. Hier tun sich asienunerfahrene KMU erfahrungsgemäß häufig noch recht schwer.

Hat sich dann allerdings ein kleiner Kreis von Unternehmen zu einer Gemeinschaftsbeteiligung durchgerungen, dann erschließen sich ihnen recht bald die Vorteile sowohl der Vorbereitung als auch der Durchführung der gemeinschaftlichen Beteiligung. Häufig bieten nämlich die organisierenden Stellen über die gemeinsame Vorbereitung auch zusätzliche Dienstleistungen vor Ort an. Diese Dienstleistungen reichen z.B. von einem Empfang für die örtliche Wirtschaft über eine vorbereitende Öffentlichkeitsarbeit und über die Einladung von potentiellen ausländischen Kunden zu bilateralen Gesprächen auf dem Gemeinschaftsstand bis zu einem Rahmenprogramm, das den Messeteilnehmern neben den Kontakt- und Gesprächsmöglichkeiten auf der Messe Informationsgespräche mit Regierungsstellen oder wirtschaftspolitischen Institutionen, Firmenbesichtigungen oder bilaterale Kundengespräche außerhalb des Messegeländes anbietet. Die Ausstellungsteilnehmer haben also die Chance, ihr Konkurrenzdenken zu überwinden und

... und durch das wachsende Gefühl einer gemeinschaftlichen Initiative

ein Gefühl für ein gemeinschaftliches Vorgehen bei der Erschließung neuer Märkte zu entwickeln. Nebenbei stellt sich außerdem häufig auch heraus, daß die Unternehmen ohnehin nur in seltenen Fällen direkte Konkurrenten sind, und sie entdecken im Sinne der arbeitsteiligen Wirtschaft Ansatzpunkte für eine Zusammenarbeit auf ganz anderen Märkten.

Dem an Asien interessierten KMU wird daher sehr empfohlen, das Auslandsmesseprogramm seines Bundeslandes positiv zu prüfen und sich auch dann über eine geplante Gemeinschaftsbeteiligung zu informieren, wenn seine Entscheidung über das Zielland seiner Markterschließungsinitiative noch nicht endgültig gefallen ist. Da zahlreiche Bundesländer nur eine oder höchstens zwei Delegationsreisen nach Asien pro Jahr anbieten, kann die Teilnahme an einer Gemeinschaftsbeteiligung auf einer asiatischen Fachmesse durchaus eine echte Alternative einer Markterschließungsinitiative sein.

Fazit:
- Allgemein ist die Teilnahme an internationalen Inlandsmessen oder an Auslandsmessen ein guter Weg, um neue Kunden kennenzulernen.
- Für einen noch wenig asienerfahrenen KMU ist es allerdings besser, an einer Messe in Asien teilzunehmen, da er sich so einen ersten persönlichen Eindruck von dem jeweiligen Land verschaffen kann.
- Allerdings darf man an asiatische Messen nicht immer die gleichen Qualitätsansprüche stellen wie an deutsche Messen, und man sollte beachten, daß die Teilnahme an nur einer Messe in nur einem asiatischen Land nicht ausreicht, um einen Eindruck vom Messewesen in ganz Asien zu erhalten.
- Da asiatische Messebesucher sich häufig anders verhalten als deutsche oder europäische Messebesucher, sollte man als Aussteller in Asien gewisse Grundkenntnisse über die asiatische Geschäftsmentalität mitbringen.
- Für den „Asienneuling" ist es daher nicht empfehlenswert, als Einzelaussteller auf einer asiatischen Messe teilzunehmen.
- Messegemeinschaftsbeteiligungen werden vom Bund und von den Ländern und auch von einigen Wirtschaftsverbänden angeboten.

- Offizielle Messegemeinschaftsbeteiligungen von Bund und Ländern sind mit vielfältigen finanziellen und nicht finanziellen Förderungsmöglichkeiten verbunden.
- Die Gemeinschaftsbeteiligungen der Länder werden häufig durch eine zentrale Stelle organisiert, die bei der Vorbereitung und Durchführung individuelle Wünsche der Aussteller soweit wie möglich berücksichtigt.
- Häufig wird vor Ort ein Rahmenprogramm organisiert, das nicht nur zur Effizienzsteigerung der Messeteilnahme beiträgt, sondern das auch zusätzliche Informationen über das Zielland und die Geschäftsmöglichkeiten vermittelt.
- Ansprechpartner in den Ländern sind die Länderwirtschaftsministerien, die Industrie- und Handelskammern oder die Wirtschaftsförderungsgesellschaften.
- Die Teilnahme an einer Gemeinschaftsbeteiligung hilft dem einzelnen KMU, ein vorhandenes Konkurrenzdenken zu überwinden und sich mit den Vorteilen einer gemeinschaftlichen Markterschließung vertraut zu machen.
- Insbesondere für den „Asienneuling" ist die gemeinschaftliche Teilnahme an einer Messe in Asien eine echte Alternative zu den Delegationsreisen, um erste persönliche Eindrücke zur Einschätzung der Marktchancen zu sammeln.

8 Beratungen und Marktstudien - Wem nützen sie?

Auch wenn mit dem Begriff der Globalisierung häufig die Vorstellungen von grenzüberschreitenden Netzwerken, Auslandsniederlassungen und Gemeinschaftsgründungen, also von joint ventures, verbunden werden, beginnt in der Regel die „normale" Markterschließung mit dem Exportgeschäft. Daran schließen sich Überlegungen an, ob man die Kunden- und Partnersuche z.B. einem Vertreter vor Ort überlassen will oder ob man eine eigene Repräsentanz oder ein Verkaufsbüro eröffnet. Eine schon fortgeschrittene Idee ist die Überlegung, sich mit mehreren Unternehmen zur Gründung eines Firmengemeinschaftsbüros zusammenzuschließen, um einerseits die individuellen Kosten zu senken und andererseits die Vorteile eines gemeinschaftlichen Vorgehens zu nutzen. Eine Alternative zum Export ist die Lizenzgewährung, allerdings sollte sich der KMU diesen Schritt sehr genau überlegen. Da das Waren- und Markenschutzrecht in etlichen Ländern Asiens noch nicht sehr ausgeprägt ist, besteht durchaus die Gefahr, daß das Lizenzgeschäft nur in der Anfangsphase gut läuft und der Markt später meistens endgültig verloren ist, wenn der Partner das Produkt mit geringfügigen Modifikationen selbst produziert. Eine beabsichtigte Lizenzgewährung sollte daher unbedingt mit einem landeserfahrenen Patentanwalt besprochen werden. Kontaktadressen für Anwälte in Deutschland erhält man von den Anwaltskammern, über Anwälte im Ausland informiert die BfAI.

Markterschließung beginnt über Exporte

Man kann immer wieder hören und lesen, daß Auslandsneulingen vor konkreten Aktivitäten Beratungen durch Fachleute empfohlen werden. Nahezu alle Außenwirtschaftsprogramme der Länder sehen daher auch eine Förderung für Außenwirtschaftsberatungen vor, und auch die allgemeine Beratungsrichtlinie des Bundeswirtschaftsministeriums sieht finanziell geförderte Außenwirtschaftsberatungen vor. Der noch wenig asienerfahrene mittelstän-

Außenwirtschafts-
beratungen ...

... als Einstiegsbera-
tung oft entbehrlich

... als Marktanalyse
nicht immer einfach
und preislich
akzeptabel

Sorgfältige Informati-
onssammlung kann
Erstberatungen
ersetzen

tung in Anspruch nehmen will, zumal sowohl die Zielvor-
stellung einer Beratung als auch die Qualität von Beratungsdienstleistungen sehr unterschiedlich sein können. Der
„absolute Asienneuling" sollte sich natürlich zuerst darüber
im klaren werden, ob er ein exportfähiges Produkt herstellt
bzw. ob sein Produkt in Asien marktfähig ist. So scheint es
z.B. wenig sinnvoll zu sein, Tiefkühlprodukte in ein Land
zu liefern, das noch keine leistungsfähige und durchgehen-
de Tiefkühlkette hat. Derartige grundsätzliche Fragen lassen sich in der Regel entweder bereits im Unternehmen
selbst oder in einem Gespräch mit den bereits erwähnten
Institutionen des jeweiligen Bundeslandes klären. Ein-
stiegsberatungen in das übliche Auslandsgeschäft erscheinen daher in vielen Fällen entbehrlich zu sein.

Schwieriger ist die Entscheidung für oder gegen eine
Beratung, wenn es darum geht, die Verkaufschancen eines
Investitions- oder Konsumgutes auf einem bestimmten
Markt zu beurteilen. Hat ein Unternehmer bereits an einer
Delegationsreise oder an einer Auslandsmesse teilgenommen, dann hat er wahrscheinlich schon ein Gefühl für die
Marktfähigkeit seines Produktes erhalten und kann auf eine
allgemeine Marktberatung verzichten. Dagegen kann für
den KMU ohne persönliche Asienerfahrungen eine Beratung schon wichtig sein; aber auch in diesem Fall ist Vor-
sicht geboten. Den professionellen „allround"-Asienberater,
der dem KMU empfiehlt, mit seinem Produkt einen Versuch z.B. in Indonesien zu machen und z.B. in Vietnam zu
unterlassen, gibt es in Deutschland wahrscheinlich nicht
bzw. man muß ihn sehr suchen. Natürlich sind größere
Consulting-Büros in der Lage, derartige Marktrecherchen
durchzuführen, aber für den KMU werden vermutlich Kosten und Ergebnis in keinem akzeptablen Verhältnis stehen.
Ohne eine Ländervorgabe wird es daher für den mittelständischen Unternehmer schwer sein, das Land mit den besten
Marktchancen für sein Produkt herauszufinden. Aus dieser
Problematik erklärt sich auch, daß die finanziell geförder-
ten Beratungsmöglichkeiten in den Außenwirtschaftspro-
grammen der Länder sehr unterschiedlich von der Wirtschaft angenommen werden.

Häufig erweist sich das bilaterale Gespräch im Landeswirtschaftsministerium, mit der zuständigen Industrie- und
Handelskammer oder mit der Wirtschaftsförderungsgesellschaft als zweckmäßiger und auch kostengünstiger. Darüber hinaus hat der KMU, der die erwähnten Nachschlagewerke angeschafft hat, zusätzliche leichte und auch kosten-

günstige Möglichkeiten, Informationen zu beschaffen. An erster Stelle sollte erneut die Bundesstelle für Außenhandelsinformation BfAI erwähnt werden, die für viele Länder, Märkte und Produkte Analysen vorrätig hat; ein Anruf wird auch dann empfohlen, wenn das Publikationsverzeichnis der BfAI nicht die gewünschte Veröffentlichung enthält. Durch eine Kontaktaufnahme mit den diplomatischen Vertretungen der asiatischen Länder in Deutschland, die natürlich alle eine Wirtschaftsabteilung haben, läßt sich dort vorhandenes Informationsmaterial abrufen. Außerdem haben einige asiatische Staaten eigene Wirtschaftsförderungsinstitutionen in Deutschland. Japan ist z.B. in mehreren deutschen Städten mit Büros der JETRO, der Japan External Trade Organization, Südkorea mit der KOTRA, der koreanischen Außenhandelsorganisation, und auch Thailand, Taiwan, Malaysia und andere Länder sind mit ähnlichen Institutionen vertreten. Aber auch der Umgang mit diesen ausländischen Institutionen sollte gut vorbereitet werden. Nicht immer erhält ein unbekannter Fragesteller eine schnelle und erschöpfende Antwort. Ein persönliches Gespräch ist in der Regel besser als ein anonymer Brief; vielleicht ist es noch besser, die Kontaktaufnahme mit den bereits mehrfach erwähnten Institutionen auf Landesebene abzustimmen.

Natürlich kann sich der KMU seine Beratung oder Informationen direkt aus Asien holen; dort stehen grundsätzlich die deutschen diplomatischen Vertretungen, die Auslandshandelskammern bzw. die Delegierten der Deutschen Wirtschaft zur Verfügung. Aber auch der Umgang mit diesen Institutionen will „gelernt" sein. Es ist richtig, daß sich die Betreuung deutscher Unternehmen in Asien durch die dortigen deutschen Vertretungen verbessert hat. Im Herbst 1993 verabschiedete die Bundesregierung ihr Konzept einer neuen Asienpolitik mit Empfehlungen und Instrumenten für eine Erschließung der asiatischen Märkte. Parallel dazu gründete die Wirtschaft unter Führung des Bundesverbandes der Deutschen Industrie (BDI) den Asien-Pazifik-Ausschuß der Wirtschaft (APA), der die politischen Forderungen und Empfehlungen praxisorientiert begleiten und im Rahmen der Möglichkeiten in die Tat umsetzen sollte. So hat der APA sieben Lenkungsausschüsse eingesetzt, die unter verschiedenen Aufgabenstellungen, z.B. Markterschließungsmaßnahmen, Öffentlichkeitsarbeit, Fort- und Weiterbildung usw. konkrete Empfehlungen für die Wirtschaft erarbeiten.

Informationsbeschaffung bei deutschen Vertretungen in Asien ...

z.B. bei den diplomatischen Vertretungen

Ein Ergebnis der Asienpolitik der Bundesregierung ist z.B. das Bestreben, die diplomatischen Auslandsvertretungen verstärkt mit Personal mit einer wirtschaftlichen Ausbildung zu besetzen, um für die Wirtschaft bessere und kompetentere Ansprechpartner sein zu können. Das Auswärtige Amt wollte damit den teils berechtigten, teils auch unberechtigten Klagen aus der Wirtschaft begegnen, die ein generelles Desinteresse von Botschafts- und Konsulatsangehörigen an wirtschaftlichen Themen monierte. Angesichts der allgemeinen Sparmaßnahmen, die auch am diplomatischen Dienst nicht vorbeigehen, kommt dieser Umstrukturierungsprozeß nur zögerlich in Gange. Dennoch sollte auch der mittelständische Unternehmer wissen, daß er sich durchaus mit seinen konkreten Wünschen z.B. bei der Partnersuche an die deutschen diplomatischen Vertretungen in Asien wenden kann. Insbesondere ist es allerdings auch wichtig zu wissen, wo eine entsprechende Personalumschichtung und insbesondere wo ein Gesinnungswandel stattgefunden hat bzw. wo noch „alte Strukturen" bestehen. Man sollte nicht übersehen, daß die Mehrzahl der diplomatischen Vertretungen in Asien personell nicht besonders großzügig ausgestattet ist, was auch auf die Wirtschaftsabteilungen zutrifft. So bleibt trotz guter Absicht nicht immer ausreichend Zeit, sich mit den häufig unscharf formulierten Wünschen eines mittelständischen unbekannten Unternehmens auseinanderzusetzen, was mehr Arbeit machen kann als die Partnersuche für ein Großunternehmen. Der Asienneuling, der zudem bisher noch selten oder noch keinen Kontakt mit diplomatischen Auslandsvertretungen gehabt hat, sollte sich daher zuerst mit „seinen" Ansprechpartnern in seinem Bundesland in Verbindung setzen, bevor er das unmittelbare Gespräch mit einer Botschaft oder einem Konsulat in Asien sucht. Da, wie eingangs bereits erwähnt, die Mehrzahl aller Bundesländer seit einigen Jahren Delegationsreisen nach Asien durchgeführt haben, haben diese Ansprechpartner in der Regel bereits konkrete und auch persönliche Erfahrungen mit einzelnen diplomatischen Vertretungen gesammelt und können daher auch taktische Empfehlungen für die erste Kontaktaufnahme geben. Meistens bietet es sich an, wenn der KMU sich durch einen dieser Ansprechpartner einführen läßt.

... oder bei den Auslandshandelskammern

In ähnlicher Weise ist die Inanspruchnahme der Dienstleistungen der Auslandshandelskammern (AHKn) zu sehen. Die Auslandshandelskammern und ihre Vorläufer, die Delegierten der Deutschen Wirtschaft, sind die typischen und meistens auch die besten Partner bei der Anknüpfung von Kontakten. Ein mittelständischer Unternehmer kann normalerweise auf zwei verschiedenen Wegen die Dienstleistungen der AHKn in Anspruch nehmen. Da die Beratungsleistungen der AHKn in der Regel nach den Außenwirtschaftsförderungsprogrammen der Länder förderfähig sind, kann der KMU bei der in seinem Bundesland zuständigen Stelle einen Antrag auf eine Außenwirtschaftsberatung stellen. Der Unternehmer kann sich allerdings auch direkt an die AHK in seinem Zielland wenden und um Informationen oder Beratung bitten. Dieser Schritt sollte sorgfältig überlegt werden, da die AHKn ihre Dienstleistungen nach voneinander abweichenden „Preislisten" anbieten, wobei der Umfang und die Qualität der Dienstleistung vom Fragesteller nicht immer ausreichend gut zu erkennen ist. So kann es z.B. passieren, daß die Frage nach einer Kundenliste für ein bestimmtes Produkt mit kopierten Seiten aus einem Branchenverzeichnis beantwortet wird. Um hier unangenehme Überraschungen zu vermeiden, wird dringend empfohlen, die Fragestellung oder den Beratungswunsch so konkret wie möglich zu formulieren und vor Auftragserteilung einen Kostenvoranschlag zu erbitten.

Immer wieder hört man Klagen insbesondere von Unternehmen, die noch wenig Erfahrungen im Umgang mit Auslandshandelskammern haben, daß Preis und Leistung in keinem angemessenen Verhältnis stehen. Sicher ist nachvollziehbar, daß die AHKn in Asien bei vergleichbaren Leistungen unterschiedliche Gebühren erheben müssen. Es ist einzusehen, daß z.B. die Deutsche Industrie- und Handelskammer in Japan höhere Allgemeinkosten hat als z.B. der Delegierte der Deutschen Wirtschaft in Hanoi. Dazu kommt die Tatsache, daß sich die AHKn praktisch selbst finanzieren müssen und nur im Rahmen einer Art Fehlbedarfsfinanzierung öffentliche Zuschüsse der Bundesregierung erhalten. Außerdem kommt gerade bei den AHKn der Gedanke zum Tragen, der bereits bei den Botschaften erwähnt worden ist; ein kleines und unbekanntes Unternehmen, das sich einen Markt erst erschließen möchte, verlangt von der AHK häufig einen höheren Einsatz und Aufwand als ein Großunternehmen. Da gerade Marktneulinge häufig mit der mit Sicherheit falschen Vorstellung die Markterschließung beginnen, daß die ersten Schritte möglichst wenig Geld kosten sollen, kann eine schlecht vorbereitete Marktrecherche leicht mit einer Enttäuschung und Demotivierung enden. Daher ist auch und insbesondere im Um-

Auch der Umgang mit den AHKn will „gelernt" sein

gang mit den AHKn dem KMU zu empfehlen, sich vorher mit seinen Ansprechpartnern im Bundesland abzusprechen.

Andere Wege der Inanspruchnahme ausländischer Beratungsdienstleistungen, wie z.B. die Beauftragung ausländischer Consultants oder Anwaltspraxen, sind zumindest in der ersten Phase der Markterschließung noch nicht ratsam; diese Möglichkeiten sollten erst dann geprüft werden, wenn sich das Unternehmen schon ein wenig mit der Markt- und Kundenstruktur vertraut gemacht hat.

Wer sich bei der Markterschließung durch einen inländischen Unternehmensberater beraten lassen möchte, sollte besondere Umsicht walten lassen. Da es für diesen Dienstleistungsbereich weder ein allgemeinverbindliches Berufsbild noch amtliche Zulassungsbedingungen gibt, ist es nicht einfach, die „richtige" Wahl zu treffen. Industrie- und Handelskammern, Wirtschaftsförderungsgesellschaften und Ministerien dürfen aus Wettbewerbsgründen keine Empfehlungen geben und allenfalls allgemein zugängliche Listen oder Informationen weiterleiten. Dem Rat suchenden KMU wird daher allenfalls empfohlen, sich mit seinem Fachverband, mit dem RKW oder z.B. mit dem Bundesverband der Wirtschaftsberater und vergleichbaren Vereinigungen in Verbindung zu setzen.

Fazit:

- Bei der Inanspruchnahme von Beratungen zur Erschließung neuer Märkte gibt es vielfältige Möglichkeiten, die im einzelnen sorgfältig überlegt werden sollten.
- Nahezu alle Länder bieten im Rahmen ihrer Außenwirtschaftsförderungsprogramme eine finanzielle Förderung von Außenwirtschaftsberatungen an.
- Ob und in welcher Form eine Außenwirtschaftsberatung erforderlich erscheint, sollte im konkreten Fall am besten mit den zuständigen Ansprechpartnern in dem jeweiligen Bundesland besprochen werden.
- Zudem ist es für den Asienneuling häufig schwierig zu beurteilen, ob die Beratungskosten in einem angemessenen Verhältnis zu den erhofften Beratungsergebnissen stehen.
- Daher ist es wichtig, das Beratungsziel und entsprechend den Auftrag so konkret wie möglich zu formulieren.
- Zahlreiche Grundinformationen über Markt- und Kundenstrukturen kann man sich zudem durch Ausschöpfung der jedermann zugänglichen Quellen beschaffen, wie z.B. über die BfAI oder durch Kontaktaufnahme mit

den in Deutschland ansässigen diplomatischen Vertretungen der asiatischen Länder.
- Informationen und Beratungen können auch direkt aus dem Ausland beschafft werden; die primären Ansprechpartner sind die deutschen diplomatischen Vertretungen und die Auslandshandelskammern bzw. die Delegierten der Deutschen Wirtschaft.
- Die „Wirtschaftsfreundlichkeit" der deutschen diplomatischen Vertretungen in Asien hat nach der Formulierung der neuen Asienpolitik der Bundesregierung im Jahre 1993 zugenommen, so daß sich auch ein mittelständisches Unternehmen ohne Scheu an diese Stellen in Asien wenden kann.
- Die typischen Ansprechpartner sind allerdings die Auslandshandelskammern und die Delegierten der Deutschen Wirtschaft; sie bieten ihre Beratungsdienstleistungen nach „Preislisten" an, die von Land zu Land unterschiedlich sein können.
- Häufig sind die Beratungsdienstleistungen der AHKn förderfähig im Rahmen der Außenwirtschaftsförderungsprogramme der Länder.
- Die Beauftragung von ausländischen Consultants oder Anwaltspraxen oder auch die Vergabe von Marktstudien sollte man erst dann in Erwägung ziehen, wenn sich schon ein gewisses Gefühl für die Marktchancen entwickelt hat.

9 Die Partnersuche - Wer hilft dabei?

Ist die Entscheidung für den Einstieg in das Asiengeschäft gefallen und sind Präferenzen für ein bestimmtes Land deutlich geworden, dann ist die Partnersuche die nächste, wohl entscheidende und auch schwierigste Aufgabe. Dieser Schritt sollte auf keinen Fall nach der trial-and-error-Methode erfolgen, sondern sollte sehr sorgfältig überlegt werden. Wahrscheinlich ist die Begeisterung für einen zweiten Versuch recht gedämpft, wenn der erste Versuch fehlgeschlagen ist oder die Erwartungen nicht erfüllt wurden. Mindestens genauso wichtig ist, die möglichen Reaktionen der ausländischen Geschäftspartner bei fehlgeschlagenen Anbahnungsversuchen einzukalkulieren. Man sollte bedenken, daß es für viele asiatische Unternehmen eine zentrale Zielsetzung ist, durch eine Zusammenarbeit mit einem ausländischen Partner ihre lokale oder auch internationale Wettbewerbsposition zu festigen oder zu verbessern. Das gilt nicht nur für die großen Unternehmen in Asien, sondern auch in zunehmendem Maße für den dortigen Mittelstand. Da es in fast allen asiatischen Ländern noch keine ausformulierte Mittelstandspolitik gibt, hat sich die Internationalisierung der Wirtschaft häufig ohne die mittelständische Wirtschaft vollzogen. So haben z.B. Südkorea und Indonesien die Internationalisierung ihrer Wirtschaften überwiegend mit den Großunternehmen durchgeführt, was im Ergebnis sogar zu einer Benachteiligung der kleinen und mittleren Unternehmen führte. Wenn also der Mittelstand an der Internationalisierung der Wirtschaft teilhaben will, dann ist er gezwungen, sich aktiv und initiativ um eine internationale Zusammenarbeit zu bemühen.

Der Mittelstand in Asien ist noch wenig international orientiert

Daher trifft der deutsche Unternehmer in vielen asiatischen Staaten, vielleicht mit einer gewissen Einschränkung in Japan, auf ein im Grundsatz positives Interesse an einer Zusammenarbeit, allerdings auch auf geringe Erfahrungen im Umgang mit ausländischen Geschäftspartnern. Dennoch

Die Partnersuche sollte möglichst ohne Fehlversuche erfolgen ...

hat der asiatische Unternehmer durchaus eigene Vorstellungen von der Art der Zusammenarbeit, die häufig von dem erforderlichen Wohlwollen und der konkreten Unterstützung der dortigen Bürokratie beeinflußt wird. Bei einer fehlgeschlagenen Kontaktaufnahme wird daher der asiatische Partner in der Regel den Fehler oder das Versagen nicht bei sich suchen, sondern den Mißerfolg seinem deutschen Gesprächspartner anlasten. Da die Informationsnetze in Asien im allgemeinen besser funktionieren als in Europa, wird sich der Mißerfolg eines deutschen Unternehmens schnell herumsprechen und ihm einen zweiten Versuch deutlich erschweren. Auch wenn diese „Rufschädigung" eher bei größeren Unternehmen zu erwarten ist, sollte auch der kleinere Unternehmer diese möglichen Reaktionen seiner potentiellen Geschäftspartner bedenken und auf seine erste Partnersuche besondere Sorgfalt verwenden.

... daher sind gute Vermittlungen wichtig

Das heißt konkret, daß er sich ein Netzwerk von Informanten und Vermittlern aufbauen muß, das ihm eine möglichst gute Einführung bei seinen potentiellen Geschäftspartnern bietet, bevor es zu einer direkten und persönlichen Kontaktaufnahme kommt. Im übrigen ist auch aus Gründen der richtigen Einführung die Teilnahme an einer offiziellen Unternehmerdelegation empfehlenswert; Politiker, Verbände und Unternehmen in Asien gehen davon aus, daß sich ein Wirtschaftsminister von „guten" und ausgewählten Unternehmern ins Ausland begleiten läßt. Sie sind daher eher bereit, einen Gesprächswunsch mit einem Delegationsmitglied zu akzeptieren, als wenn dieser Unternehmer direkt und persönlich um einen Termin bittet.

Aufbau von Netzwerken in Deutschland

Der Aufbau eines Informationsnetzwerkes beginnt zweckmäßigerweise „zu Hause", d.h. bei den erwähnten Ansprechpartnern in dem jeweiligen Bundesland. Etliche dieser Ansprechpartner haben organisatorisch festgefügte Verbindungen zu Ansprechpartnern in asiatischen Ländern.

IHKn

So kann z.B. jede Industrie- und Handelskammer wegen einer Partnersuche bei einer Auslandshandelskammer sondieren, ohne daß als Antwort zuerst die Gebührenordnung übersandt wird. Ein guter Weg ist auch das Gespräch mit den Wirtschaftsförderungsgesellschaften, die zum Teil sogar eigene Repräsentanzen in asiatischen Ländern haben. So ist z.B. in Japan fast jedes Bundesland über eine nachgeordnete Institution mit einem Repräsentanten vertreten, und auch in China nimmt die Zahl der Repräsentanzen zu. Durch die Vermittlung der Wirtschaftsförderungsgesellschaft kann also ein KMU direkt mit diesen Repräsentanzen

Wirtschaftsförderungsgesellschaften

Verbindung aufnehmen und bilaterale Absprachen über die gewünschten Leistungen und die dafür anfallenden Gebühren treffen. Zumindest grundsätzlich besteht auch die Möglichkeit der „Amtshilfe" der Auslandsrepräsentanzen einzelner Wirtschaftsförderungsgesellschaften. So ist denkbar, daß die Wirtschaftsförderungsgesellschaft in Schleswig-Holstein, die z.B. keine Repräsentanz in Vietnam hat, einen schleswig-holsteinischen Unternehmer an die Wirtschaftsförderungsgesellschaft in Nordrhein-Westfalen weitervermittelt, die über eine Repräsentanz in Hanoi verfügt. Allerdings wird diese Form der „Amtshilfe" zwischen den Wirtschaftsförderungsgesellschaften der Bundesländer noch nicht häufig praktiziert.

Auch die international tätigen deutschen Banken bieten häufig ihre Vermittlungsdienste an. Grundsätzlich sind sie durchaus gute Partner, denn nahezu alle Großbanken haben in zahlreichen asiatischen Ländern Filialen oder Repräsentanzen, sehen die Kontaktpflege zu Wirtschaft, Verwaltung und Politik als eine wichtige Aufgabe an und sind daher eine natürliche Verbindungsstelle zwischen deutschen und asiatischen Unternehmen. Wenn also ein KMU schon vor seinem geplanten Einstieg in das Asiengeschäft eine gute Verbindung zu einer dieser international tätigen Banken hatte, dann sollte er sie auf jeden Fall in sein Informationsnetzwerk einbeziehen. Allerdings werden nicht viele KMU das „Glück" haben, über eine derartige gute Bankverbindung zu verfügen. Selbst wenn der mittelständische Unternehmer Kunde bei einer Filiale einer Großbank in einer Kleinstadt irgendwo in Deutschland ist, muß er damit rechnen, daß seine Bitte um eine konkrete Kontaktanbahnung an die Hauptfiliale in der nächsten Großstadt oder sogar an die Zentrale in Frankfurt weitergeleitet wird. Und so besteht die Gefahr, daß mit der zunehmenden Entfernung der persönliche „Fühlungsvorteil" verloren geht. Außerdem muß man einkalkulieren, daß eine Bank die beabsichtigte Ausweitung der Geschäftsaktivitäten zwangsläufig mit den vorhandenen oder erforderlichen Finanzierungsmöglichkeiten in Verbindung bringt. Es gehört zu den allgemeinen Erfahrungen kleiner und mittlerer Unternehmen, daß die Banken nicht gerade begeistert von der Vorstellung sind, mit dem KMU das wirtschaftliche und finanzielle Risiko einer Markterschließung zu teilen. So muß also insbesondere der Asienneuling immer damit rechnen, daß seine Bitte um Kontaktanbahnung eine Bonitätsüberprüfung auslösen kann.

Banken

... und im Zielland in Asien

Mit den bereits mehrfach erwähnten Ansprechpartnern im jeweiligen Bundesland und den Banken sind die wichtigsten „Knotenpunkte" des Informationsnetzwerkes in Deutschland erfaßt. Zusätzlich sollte von den verschiedenen Anlaufstellen, die bisher als Informanten und Berater erwähnt worden sind, die BfAI in das Netzwerk einbezogen werden. Die nächsten „Knotenpunkte" findet der KMU in seinem asiatischen Zielland, und da ist natürlich an erster Stelle die dortige Auslandshandelskammer bzw. der Delegierte der Deutschen Wirtschaft zu nennen und an zweiter Stelle die dortige deutsche Botschaft oder ein deutsches Generalkonsulat. Die konkrete Bereitschaft zur Unterstützung und zur Zusammenarbeit kann der Unternehmer testen, indem er in sein Zielland fährt und mit den beiden Stellen direkte Gespräche führt. Wie schon erwähnt, sollte der Asienreisende seinen Besuch durch einen der Ansprechpartner seines Bundeslandes vorbereiten bzw. zumindest ankündigen lassen.

Informationsreise ins Zielland ...

... zur ersten Kontaktaufnahme ...

Dieser Besuch sollte natürlich nicht nur den Gesprächen mit der Auslandshandelskammer und der deutschen Botschaft dienen, sondern zumindest drei weitere Ziele verfolgen. Auf jeden Fall sollten schon bei diesem ersten Besuch einige Gespräche mit potentiellen Geschäftspartnern geführt werden, um einen Eindruck vom Verhandlungsstil asiatischer Geschäftsleute zu erhalten. Da in den meisten asiatischen Staaten die Bürokratie eine starke Rolle spielt, sollten auf Empfehlung der AHK oder der Botschaft ein bis zwei Gespräche mit den staatlichen oder halbstaatlichen Stellen geführt werden, auf die der KMU gemäß seiner geschäftlichen Zielsetzung voraussichtlich angewiesen sein wird. Außerdem ist es empfehlenswert, zumindest mit einem deutschen Unternehmer zu sprechen, der in dem Zielland schon längere Zeit geschäftlich etabliert ist; ein Unternehmerkollege sieht die Dinge häufig anders als die offiziellen deutschen Vertreter und kann vielleicht mit praktischen Tips und Empfehlungen weiterhelfen. Der Asienreisende sollte daher nicht nur seinen Besuch ankündigen lassen, sondern er sollte möglichst rechtzeitig und möglichst konkret seine Wünsche mitteilen, damit AHK und Botschaft bzw. Generalkonsulat geeignete Gesprächspartner auswählen und Termine verabreden können.

... mit Zeit und Muße ...

Außerdem sollte er genügend Zeit für seinen Besuch einplanen, also nicht nach der Faustregel: ein Tag Hinflug - zwei Tage Aufenthalt - ein Tag Rückflug - kalkulieren. Zum einen lassen sich wegen der nervenraubenden Verkehrsprobleme, ob Bangkok, Jakarta oder Shanghai, häufig nicht mehr als zwei bis drei Termine pro Tag erledigen; zum anderen muß man einkalkulieren, daß trotz rechtzeitiger Ankündigung und bester Absicht Termine häufig erst ganz kurzfristig bestätigt werden, manchmal erst dann, wenn der Asienreisende schon am Zielort eingetroffen ist. Schließlich ist dem Asienneuling zu empfehlen, sich schon vor der Reise ein wenig mit den asiatischen Geschäftsgepflogenheiten und den gesellschaftlichen „Spielregeln" vertraut zu machen, z.B. durch die Lektüre des bereits erwähnten Buches von Lee.

Der Unternehmer, der zum ersten Mal aus geschäftlichen Gründen eine asiatische Hauptstadt besucht, sollte die Gelegenheit nutzen, sich über andere dort anwesende deutsche Geschäftsleute, Freiberufler oder Dienststellen zu informieren. So findet man in fast allen asiatischen Hauptstädten deutsche Consultants, Anwälte oder Büros der deutschen Investitions- und Entwicklungsgesellschaft mbH (DEG), der Deutschen Gesellschaft für Technische Zusammenarbeit (GTZ), Repräsentanten aus Institutionen der Bundesländer und natürlich die Vertreter der erwähnten deutschen Banken. Es braucht nicht betont zu werden, wie wichtig es ist, bei diesem ersten Besuch so viele Informationen wie nur möglich zu sammeln. Da die Informationen der verschiedenen Gesprächspartner subjektive Erfahrungen sind, bietet nur die Vielzahl der Informationen eine halbwegs verläßliche Gewähr dafür, daß man auf dem „richtigen" Weg den „richtigen" Gesprächspartner findet.

... zur Sammlung möglichst vieler Informationen

Fazit:

- Für den Neuling in Asien bzw. auf einem einzelnen asiatischen Markt ist für die konkrete Partnersuche wichtig, ein geeignetes Netzwerk von Informanten und Partnern aufzubauen.
- In Deutschland sollten die ersten und wichtigsten Partner die bereits mehrfach erwähnten Anlaufstellen in den Bundesländern sein.
- Darüber hinaus kann es in Einzelfällen empfehlenswert sein, die Vermittlungsdienste der Hausbank zu prüfen.
- Der nächste Schritt sollte eine Reise in das ausgewählte asiatische Zielland sein, um die dortigen wichtigsten Ansprechpartner, die Auslandshandelskammer bzw. den Delegierten der Deutschen Wirtschaft und die deutsche Botschaft bzw. ein deutsches Generalkonsulat persönlich kennenzulernen.

- Dieser Besuch sollte unter verschiedenen Gesichtspunkten sorgfältig vorbereitet werden; zum einen sollte man sich auch bei diesen deutschen Stellen einführen lassen, zum anderen sollten die Gesprächswünsche unter der Zielsetzung Partnersuche so konkret wie möglich formuliert werden, und zum dritten sollte man insbesondere bei den Wünschen an die AHKn die Kostenfrage ansprechen.
- Außerdem sollte sich der Asienreisende bei der Programmgestaltung und der Zeitplanung auf die Verkehrsprobleme in allen asiatischen Großstädten, auf die Verhandlungsgepflogenheiten seiner asiatischen Gesprächspartner und auch ein wenig auf die gesellschaftlichen „Spielregeln" einstellen.
- Der Asienreisende sollte zudem Gelegenheiten nutzen, möglichst viele vor Ort ansässige deutsche Geschäftsleute kennenzulernen, denn viele subjektive Erfahrungen verwirren nicht nur, sondern helfen zur Abrundung des ersten persönlichen Eindrucks.

10 Die Europäische Union als Partner im Asiengeschäft

Die Europäische Union (EU) hat im Jahre 1994 erstmalig Leitlinien für eine Asienpolitik entwickelt, die seitdem durch verschiedene Einzelmaßnahmen konkretisiert worden sind. Ein Schwerpunkt dieser Maßnahmen ist die Hilfestellung beim Aufbau von marktwirtschaftlichen Rahmenbedingungen in den asiatischen Ländern, um so die Wettbewerbsfähigkeit der asiatischen Unternehmen zu verbessern und sie zu gleichwertigen Wirtschaftspartnern zu machen. Dafür stellt die EU finanzielle Mittel zur Verfügung, leistet technische Hilfe und entsendet Fachleute verschiedener Disziplinen. Einige Maßnahmen dienen auch direkt der Zusammenarbeit zwischen europäischen und asiatischen Unternehmen. Für kurze Zeit hat z.B. die EU ein eigenes Messeprogramm durchgeführt und Zuschüsse zur gemeinschaftlichen Teilnahme an von ihr ausgewählten Messen gewährt. Diese Messeförderung läuft allerdings mit dem Jahre 1997 aus.

Hilfen zum Aufbau marktwirtschaftlicher Strukturen

Mit Blick auf das Informationsnetzwerk können für den KMU die EBICs von Interesse sein, die European Business Information Centres. Hierbei handelt es sich um Informationsstellen, die die EU gemeinsam mit einem örtlichen Partner errichtet hat. In den EBICs können sich Unternehmer aus Europa oder aus Asien über die wirtschaftlichen Entwicklungen insgesamt und einzelner Märkte in Europa und Asien, über beiderseitige Investitionsmöglichkeiten und über Ansatzpunkte für eine Zusammenarbeit informieren. EBICs gibt es bisher in Indien, Indonesien, Malaysia, Thailand und auf den Philippinen. Der deutsche Asienreisende sollte wissen, daß es diese Informationszentren der EU gibt, und er sollte vielleicht auch eine sich bietende Gelegenheit nutzen, ein Informationsgespräch zu führen, allerdings sollte er keine zu hohen Erwartungen hinsichtlich einer Hilfestellung bei der Partnersuche hegen. Zum einen sind die EBICs in der Regel personell nicht besonders gut ausgestattet, zum anderen besteht ihre primäre Aufgabe

EBICs

eher in der allgemeinen Informationsvermittlung. Wenn z.B. ein deutscher KMU das EBIC in Bangkok um Hilfestellung bei der Partnersuche fragen würde, dann würde sich der dortige Büroleiter wahrscheinlich mit der Deutsch-Thailändischen Handelskammer in Verbindung setzen bzw. gleich dorthin verweisen.

EU-Technologiefenster

Von größerem konkreten Interesse könnten die vier „Technologiefenster" sein, die die EU gemeinsam mit örtlichen Partnern errichtet hat. Hierbei handelt es sich um ATTC (Asean Timber Technology Centre) in Kuala Lumpur, um Cogen (Energie aus Biomasse usw.) in Bangkok, um RIET (Regional Institute of Environmental Technology) in Singapur und um CECAT (China - Europe Centre for Agricultural Technology) in Beijing. Diese „technology windows" für ausgewählte Technologiebereiche sammeln und verarbeiten Informationen über Technologien, Märkte, Gesetzgebung, Investitionsmöglichkeiten und sonstige Daten und verfügen damit häufig bereits über die Informationen, die ein Unternehmer aus den angesprochenen Produktions- bzw. Technologiebereichen benötigt, um seine Marktchancen einzuschätzen und seine potentiellen Partner zu finden. Wer also z.B. den Umweltmarkt in Südostasien bearbeiten möchte, sollte sich auf jeden Fall mit RIET in Singapur in Verbindung setzen, denn dieses Institut sammelt umweltrelevante Daten für den südostasiatischen Raum.

EU-Programm ECIP zur Finanzierung von joint ventures

Die wohl wichtigste finanzielle Hilfestellung ist das EU-Programm ECIP (European Community Investment Partners). ECIP besteht aus vier sogenannten Fazilitäten, d.h. Förderungsmöglichkeiten, die alle im Zusammenhang mit der Vorbereitung und Gründung von Gemeinschaftsunternehmen - joint ventures - stehen. Von besonderer Bedeutung für KMU ist die Möglichkeit, für die Gründung eines joint ventures Zuschüsse zur Stärkung der Eigenkapitalbasis zu erhalten; die EU beteiligt sich unter bestimmten Voraussetzungen mit bis zu 20 % des Kapitals des zu gründenden Unternehmens, maximal mit 1 Million ECU.

Wichtigste Voraussetzung ist, daß sich eine Bank, die mit der EU eine Rahmenvereinbarung geschlossen hat, an der Finanzierung beteiligt; bei dieser Bank werden auch die Anträge gestellt. Größtes Problem ist, daß bisher nur sechs deutsche Finanzierungsinstitute die erforderliche Rahmenvereinbarung mit der EU geschlossen haben. Der interessierte KMU kann also nicht einfach zu seiner Hausbank gehen und einen Antrag stellen; er muß sogar damit rechnen, daß seine Hausbank das Programm gar nicht kennt. Am besten ist wohl, die mehrfach erwähnten Ansprechpartner auf Landesebene um Hilfestellung zu bitten.

Eine der jüngsten Initiativen der EU ist das ASIA-Invest-Programm, das sich insbesondere an gemeinschaftliche Aktivitäten kleiner und mittlerer Unternehmen richtet. Unternehmen aus den EU-Mitgliedstaaten, die Informationsbüros errichten oder Marktforschung betreiben wollen, Trainingsprogramme durchführen oder Fach- und Führungskräfte austauschen wollen, können aus diesem Programm für die anfallenden Kosten Zuschüsse bis zu max. 50 % erhalten. Zu dem Programm gehören auch die Initiativen „ASIA-INTERPRISE" und „ASIA-Partenariat". Hinter diesen Schlagworten verbirgt sich die finanzielle Bezuschussung von Treffen europäischer und asiatischer Unternehmen, z.B. in Form von Wirtschaftskonferenzen oder auch Workshops. Bei den Partenariaten, von denen schon einige Treffen in Europa stattgefunden haben, organisiert die EU zusammen mit einem örtlichen Partner Unternehmertreffen zur Anknüpfung bilateraler Wirtschaftskontakte. Das erste Asien-Partenariat fand z.B. Anfang November 1997 in Singapur statt, wo sich Unternehmer aus den EU-Mitgliedstaaten mit Unternehmern aus den ASEAN-Staaten trafen. ASEAN ist der erste wirtschaftliche Zusammenschluß südostasiatischer Staaten, der 1967 gegründet wurde und jetzt die Staaten Indonesien, Singapur, die Philippinen, Malaysia, Thailand, Brunei, Vietnam Myanmar und Laos umfaßt.

ASIA-Invest

Erstes Asien-Partenariat im November 1997 in Singapur

Für den KMU ist es allerdings nicht immer einfach, rechtzeitige und verläßliche Informationen über die Programme der EU zu erhalten. Außerdem ist die Finanzausstattung der Programme häufig noch recht bescheiden; so stehen z.B. für das Programm ASIA-Invest 32 Mio. ECU zur Verfügung, und häufig ist die Beantragung mit einem erheblichen bürokratischen Aufwand verbunden, ohne daß die Erfolgsaussichten abzuschätzen sind. Die Initiative zur Ausschöpfung vorhandener EU-Programme sollte daher eher von einem Landeswirtschaftsministerium, einer Industrie- und Handelskammer, einer Wirtschaftsförderungsgesellschaft oder von einem Fachverband oder einer Arbeitsgemeinschaft von Unternehmen ausgehen. Deren Aufgabe wäre es dann, interessierte Unternehmen für ein gemeinsames Vorgehen zu suchen. Wenn sich ein KMU aus eigener Initiative über das Programmangebot der EU informieren möchte, dann stehen ihm zwei Wege zur Verfügung. Seit

Informationen über EU-Programme z.B. über EICs

1987 hat die EU europaweit ein Netz von Euro-Info-Centres (EICs) errichtet, in Deutschland gibt es über 30 Büros. Ihre Aufgabe ist, kleine und mittlere Unternehmen über Investitionsprogramme und Programme zur Zusammenarbeit mit Drittländern im weitesten Sinne zu informieren. Auskunft über die Adresse des nächstgelegenen EIC erteilen die Industrie- und Handelskammern. Außerdem verfügen praktisch alle Bundesländer über eigene Informationsbüros in Brüssel; der KMU kann sich also entweder direkt oder über das zuständige Landesministerium, in der Regel das Europaministerium oder das Wirtschaftsministerium, an das Büro in Brüssel wenden.

Fazit:

- Seit 1994 hat die Europäische Union eine eigene Asienpolitik formuliert und für die europäische Wirtschaft verschiedene Hilfestellungen, teils auch finanzieller Art, zur Verfügung gestellt.
- Zu erwähnen sind die EBICs, Informationsbüros, die die EU bisher in fünf asiatischen Staaten eröffnet hat; für das persönliche Informationsnetzwerk eines KMU sind diese Anlaufstellen allerdings eher von untergeordneter Bedeutung.
- Für Unternehmer einiger Technologiebereiche sind die „technology windows", die die EU in vier asiatischen Großstädten errichtet hat, insofern von größerer Bedeutung, als hier schon Informationen über bestimmte Märkte und Marktteilnehmer gesammelt und aufbereitet sind.
- Für die Gründung von joint ventures bietet das EU-Programm ECIP Zuschüsse zur Stärkung der Eigenkapitalbasis; leider sind die Möglichkeiten einer Antragstellung in Deutschland begrenzt, so daß der KMU sorgfältig recherchieren muß.
- Insbesondere für gemeinschaftliche Initiativen kann das neue ASIA-Invest-Programm von Bedeutung sein, da damit konkrete Maßnahmen zur Markterschließung und Partnersuche finanziell unterstützt werden.
- Da die Beantragung einer EU-Förderung nicht immer ganz einfach ist, ist es wünschenswert, wenn eine zentrale Stelle die Organisation einer gemeinschaftlichen Initiative übernimmt.
- Der einzelne KMU kann sich auf zwei Wegen über das Programmangebot der EU informieren, entweder über die Euro-Info-Centres, von denen es über 30 Büros in Deutschland gibt, oder über das Informationsbüro, das fast jedes Bundesland in Brüssel hat.

11 Gemeinschaftliche Initiativen - Die bessere Alternative

Weiter oben wurde darauf hingewiesen, daß die Erschließung von Auslandsmärkten in der Regel mit einem Kostensprung verbunden ist, der dem einzelnen Unternehmen umso schwerer fällt, je kleiner es ist. So muß im Leitungsbereich auslandserfahrenes Personal vorhanden sein oder eingestellt werden. Eventuell müssen weiterhin fremde Beratungs- und Dienstleistungen eingekauft werden, es fallen Vorlaufkosten an, für die kurzfristig noch keine Einnahmen zu erwarten sind, und es muß mit höheren Finanzierungskosten allgemein gerechnet werden. Erfahrungen aus der Praxis haben gezeigt, daß insbesondere kleinere Unternehmen diesen „Sprung ins kalte Wasser" scheuen und sich mit den ihnen vertrauten Märkten zufriedengeben. Diese häufig emotional begründete Entscheidung gegen Auslandsmärkte kann auf mittlere Sicht der Anfang vom betrieblichen Ende sein, denn bekanntlich findet der internationale Wettbewerb nicht nur im Ausland, sondern auch auf den heimischen Märkten statt. Jeder Unternehmer, der sich mit seiner Produktionspalette im internationalen Wettbewerb fühlt, trifft also die falsche Entscheidung, wenn er ohne Prüfung seiner Chancen auf die asiatischen Wachstumsmärkte verzichtet.

Eine gute und immer wieder empfohlene Alternative zum Ausgleich der kostenbedingten Nachteile im Wettbewerb mit Großunternehmen ist die Zusammenarbeit mit Unternehmen vergleichbarer Größe und ähnlicher bzw. komplementärer Produktionspalette. So einleuchtend diese Empfehlung auch ist, so schwer scheint in der Praxis ihre Realisierung zu sein. Die dem Mittelstand zugeschriebenen Vorteile wie Flexibilität, Mobilität und Entscheidungsfreudigkeit sind in der Praxis häufig gepaart mit einer deutlich ausgeprägten Eigenständigkeit und mit einer emotionalen Ablehnung einer Zusammenarbeit, hinter der häufig die Befürchtung einer Abhängigkeit von Dritten und der Verlust der Selbstbestimmung vermutet werden. Diese Gefühle

Kostensprung ist häufig wichtiges Hemmnis für das Auslandsgeschäft

„Rezept" können gemeinschaftliche Initiativen sein ...

... durch Netzwerke oder „strategische Allianzen"

sind zum Teil auch verständlich und nachvollziehbar, zumal viele mittelständische Unternehmen Familienbetriebe sind, bei denen das Wohlergehen der Unternehmerfamilie an die Erfolge des Betriebes gekoppelt ist. Daher kann man es auch als eine Form der Familienvorsorge betrachten, wenn man dem KMU empfiehlt, nicht die Augen vor den Realitäten zu verschließen und sich den Notwendigkeiten und Konsequenzen des intensivierten internationalen Wettbewerbs zu stellen. Wenn häufig „strategische Allianzen" als ein hoffnungsvoller Weg zum Überleben im Wettbewerb angesehen werden, dann muß der KMU sich darüber klar werden, daß diese Alternative nicht nur eine Chance für die größeren Unternehmen ist, sondern daß auch oder sogar besonders der KMU darin seine Chance sehen muß. Bei dem Aufbau des erwähnten Netzwerkes sollte der mittelständische Unternehmer daher nicht nur nach Informanten, Beratern und sonstigen Dienstleistern suchen, sondern er sollte sich auch unter den Unternehmen umschauen, ob aus tatsächlichen oder auch nur vermeintlichen Konkurrenten auf den heimischen Märkten nicht Partner auf den Auslandsmärkten werden können.

Gemeinschaftsinitiativen benötigen häufig einen Initiator und Organisator

Zwei vielfach und häufig auch mit Erfolg erprobte Möglichkeiten sind bereits ausführlich angesprochen worden, nämlich die gemeinschaftliche Beteiligung auf Auslandsmessen und die Teilnahme an Delegationsreisen. Auch die erwähnten Flankierungsangebote der Europäischen Union sind hier zu nennen, auch wenn sie offenbar noch nicht bekannt genug und erprobt sind. In den letzten Jahren haben zwei weitere Instrumente immer mehr an Bedeutung gewonnen, die Gründung von Firmengemeinschaftsbüros im Ausland und der Zusammenschluß zu Firmenpools. Allen gemeinschaftlichen Aktivitäten ist gemein, daß eher selten Initiativen aus den Reihen der mittelständischen Unternehmer ergriffen werden, sondern daß sich ein Organisator finden muß, z.B. eine Industrie- und Handelskammer oder auch eine Wirtschaftsförderungsgesellschaft, der KMU für eine gemeinschaftliche Initiative „akquiriert". Das gilt zumindest für neue, unbekannte und auch schwierige Märkte, bei denen die Scheu vor dem Unbekannten den KMU von einer eigenen Initiative abhält.

Firmengemeinschaftsbüros

Firmengemeinschaftsbüros sind ein guter Weg, wenn mit dem Ziel einer mittelfristigen Markterschließung Kundenstrukturen und Marktmechanismen kostengünstig erkundet werden sollen. Für ein Gemeinschaftsbüro sollten allerdings zwei Voraussetzungen möglichst erfüllt sein.

11 Gemeinschaftliche Initiativen - die bessere Alternative

Zum einen sollten die Unternehmen nicht direkte Konkurrenten sein bzw. auf dem ausländischen Zielmarkt nicht um die gleichen Geschäftspartner konkurrieren, und zum anderen sollte zwischen den KMU ein gewisser Gleichklang bestehen, d.h. sie sollten in etwa gleich groß und gleich marktunerfahren sein und ähnliche Vorstellungen von der Marktbearbeitung haben. Da die anfallenden Bürokosten, wie z.B. Miete, Personal und Werbung gemeinschaftlich getragen werden müssen, sind immer dann Schwierigkeiten zu erwarten, wenn die Interessen und Ziele der Beteiligten deutlich voneinander abweichen. Daher ist empfehlenswert, wenn ein „neutraler Dritter" bei der Vorbereitung eine gewisse Koordinierungsrolle übernimmt; das kann z.B. einer der erwähnten Ansprechpartner auf Landesebene sein. In einigen Bundesländern wird die Errichtung von Firmengemeinschaftsbüros aus den Außenwirtschaftsförderungsprogrammen finanziell unterstützt, wodurch nahezu automatisch eine Koordinierung durch die programmführende Stelle erfolgt. Das kann mit weiteren Vorteilen für die beteiligten Unternehmen verbunden sein, weil dieser Koordinator durch Einschaltung der Auslandshandelskammern oder vorhandener Auslandsrepräsentanzen helfen kann, geeignete Büroräume und Mitarbeiter zu finden. Vom konkreten Einzelfall hängt ab, ob die KMU eine neue Gesellschaft gründen, die das Büro vor Ort im Zielland betreibt, oder ob sie z.B. im Rahmen einer Arbeitsgemeinschaft ein Unternehmen aus ihrer Mitte beauftragen, das Büro zu führen.

Eine weitere, vergleichbare Gemeinschaftsinitiative ist der Anschluß an einen Firmenpool. Hierbei handelt es sich meistens um eine Initiative einer Industrie- und Handelskammer, in der Regel zusammen mit der IHK-Gesellschaft zur Förderung der Außenwirtschaft und Unternehmensführung in Bonn, die wiederum als eine Art Servicegesellschaft des Deutschen Industrie- und Handelstages (DIHT) auftritt. Nach dem Poolkonzept schließen sich mehrere KMU zu einer Interessengemeinschaft zusammen und gründen durch die den Pool betreuende IHK ein Auslandsbüro. Dieses Büro steht allen Poolmitgliedern zur Verfügung, z.B. für die Partner- und Kundensuche oder für die Vorbereitung von Reisen. Zwischen den Poolmitgliedern und der organisierenden IHK wird ein Betreuungsvertrag geschlossen, in dem auch die Finanzierung des Pools geregelt wird. Derartige Firmenpools gibt es bisher z.B. in Malaysia mit Sitz in Kuala Lumpur, in Shanghai und in Mani-

Firmenpools

la; eine aktuelle Liste befindet sich im Anhang. Grundsätzlich gibt es zwei verschiedene Arten von Firmenpools; entweder ist der Pool für Unternehmen aller Branchen offen, oder er hat einen branchenmäßigen Schwerpunkt, wie z.B. der Firmenpool Japan mit dem Schwerpunkt auf Umwelt- und Geotechnologie. Die jüngste Initiative der Arbeitsgemeinschaft hessischer Industrie- und Handelskammern ist eine pragmatische Mischung beider Grundmodelle; es werden Pools für Indien und Südkorea angeboten, vorzugsweise für Unternehmen aus den Bereichen Automobilzulieferer, Umweltschutz und -technik sowie Medizintechnik. Für kleinere KMU ist eine finanzielle Förderung aus dem hessischen Außenwirtschaftsprogramm erreichbar.

Kosten und Laufzeiten der Pools

Die jährlichen Kosten für eine Poolmitgliedschaft sind abhängig von der Zahl der Poolmitglieder und vom Standort. Um das jeweilige Büro vor Ort funktionsfähig zu halten, ist die Teilnehmerzahl im allgemeinen auf 15 Unternehmen begrenzt. Bei den bereits bestehenden Firmenpools liegen die jährlichen Kosten pro Mitglied etwa zwischen 15.000 und 25.000 DM. Die Pools haben normalerweise eine Laufzeit von zwei Jahren, mit der Möglichkeit einer Verlängerung. Informationen über bestehende oder geplante Firmenpools erteilen alle Industrie- und Handelskammern und die genannte IHK-Gesellschaft. In einigen Bundesländern ist im Rahmen der Außenwirtschaftsförderungsprogramme eine finanzielle Unterstützung möglich.

Unternehmer helfen Unternehmern

Eine weitere, allerdings noch nicht häufig praktizierte Form einer gemeinschaftlichen Initiative ist das Zusammenspiel zwischen einem asienerfahrenen und einem noch wenig erfahrenen Unternehmen; man kann diese Variante als „Unternehmer helfen Unternehmern" oder „Huckepack-Verfahren" bezeichnen. Der im Grundsatz einfache Gedanke besteht darin, daß ein asienerfahrenes Unternehmen seine Auslandsabteilung und darüber hinaus vielleicht ein Verkaufsbüro, eine Tochtergesellschaft oder ein Gemeinschaftsunternehmen in Asien einem Asienneuling zur Verfügung stellt, entweder kostenlos als eine Art Freundschaftsdienst oder gegen Kostenerstattung. Der Vorteil für den KMU besteht darin, daß er sich „zu Hause" durch den erfahrenen Partner beraten und informieren lassen kann und daß er bei seinen ersten Reisen zur Markterkundung ein funktionsfähiges Büro und markterfahrenes Personal nutzen und konsultieren kann. In der praktischen Umsetzung trifft dieses eigentlich einfache Verfahren leider auf vielerlei Schwierigkeiten. So weiß der „kleine Unerfahrene" nicht immer, wo er den „großen Erfahrenen" findet und ob dieser bereit ist, sein Wissen und seine Kapazitäten zur Verfügung zu stellen. Dazu kommt gelegentlich sowohl die Scheu des „Kleinen", den „Großen" zu fragen als auch die Bequemlichkeit des „Großen", sich mit dem „Kleinen" auseinanderzusetzen. In der Regel funktioniert dieses Verfahren daher nur durch Vermittlung, die eigentlich nur die erwähnten Ansprechpartner in den Bundesländern übernehmen können. Diese Stellen kennen meistens ihre „Asienprofis" gut und haben auch ein Gefühl dafür, wen sie ansprechen können. Daher sollte der Asienneuling bei seinen ohnehin erforderlichen Gesprächen mit den Ansprechpartnern seines Bundeslandes auch nach dem Verfahren „Unternehmer helfen Unternehmern" fragen.

Eine modifizierte Form dieser Hilfestellung gibt es in Japan. Die JETRO, das ist die Japan External Trade Organization, hat in einigen japanischen Großstädten sog. Business Support Centers errichtet. In diesen Zentren wird Unternehmen für einige Wochen kostenlos ein Büro zur Verfügung gestellt, darüber hinaus können sie die gesamten Beratungs- und Informationsdienste der japanischen Außenhandelszentrale in Anspruch nehmen. Insofern wird ihnen ein Netzwerk zur Verfügung gestellt, das es ihnen ermöglicht, sich innerhalb eines relativ kurzen Zeitraumes einen guten Überblick über Markt- und Kundenstruktur zu machen. Leider wird dieses Angebot von deutschen Unternehmern, gemessen an Unternehmen aus anderen europäischen Ländern, nur sehr selten in Anspruch genommen. Informationen über diese Zentren erteilen die JETRO-Filialen in mehreren deutschen Großstädten.

Business Support Centers in Japan

Die wohl effizienteste Form, sich ein Netzwerk zur Markterschließung und -bearbeitung in Asien zu schaffen, ist, sich in ein „Deutsches Haus" einzumieten, und zwar sowohl im Rahmen einer gemeinschaftlichen Initiative als auch als Einzelunternehmer. Vorläufer für das Konzept „Deutsche Häuser" war das Deutsche Industrie- und Handelszentrum (DIHZ) in Yokohama in Japan, das vor zehn Jahren durch den damaligen Ministerpräsidenten von Baden-Württemberg initiiert wurde. Das DIHZ liegt zwischen Tokyo und Yokohama im Hakusan High-Tech-Park. In dem Gebäudekomplex können Unternehmen Flächen für Büroräume, aber auch für Produktion und Lagerung mieten.

Deutsche Industrie- und Handelszentren oder „Deutsche Häuser"

"Vorzeigeprojekt" in Singapur

Das Konzept ist vom Land Baden-Württemberg gemeinsam mit der dortigen Landesbank Südwest LB fortentwickelt worden. Das „Vorzeigeprojekt" ist das Deutsche Industrie- und Handelszentrum oder auch das „Deutsche Haus" in Singapur geworden, das 1995 eröffnet wurde. Das DIHZ in Singapur bietet primär KMU Ausstellungs-, Lager- und Büroräume zu günstigen Preisen an. Außerdem stehen verschiedene Serviceleistungen, wie Sekretariatsdienste, gemeinsame Besprechungs- und Schulungsräume, Verbindungen zu internationalen Datenbanken und Büros für Durchreisende zur Verfügung. Zusätzliche Dienstleistungen werden von einem Reisebüro, einer Spedition, einem Rechtsanwalt und einem Steuerberater und von einer Bank angeboten. Außerdem hat der Delegierte der Deutschen Wirtschaft in Singapur dort sein Büro. Auch wenn das „Deutsche Haus" eine Initiative des Landes Baden-Württembergs ist, können sich auch KMU aus anderen Bundesländern dort einmieten. Die Nachfrage nach einem Platz im DIHZ war so groß, daß das Zentrum praktisch schon vor der Fertigstellung voll ausgebucht war. Das Zentrum ist auch deswegen so begehrt, weil Singapur ein idealer Standort zur Bearbeitung des südostasiatischen Raumes ist. Auch wer lediglich mittelfristig ein Engagement in dieser Region beabsichtigt, sollte sich rechtzeitig mit der Geschäftsführung des Zentrums in Verbindung setzen, denn Wartezeiten müssen einkalkuliert werden.

„German Center" in Shanghai

Ein etwas kleineres Zentrum, das 1994 eröffnet wurde, hat das Land Bayern zusammen mit der Bayerischen Landesbank in Shanghai als „Haus der Deutschen Wirtschaft" errichtet. Auf Grund der großen Nachfrage soll in der Wirtschaftssonderzone Pudong in Shanghai ein deutlich größeres „German Center" gebaut werden, das Ende 1999 den Betrieb aufnehmen soll.

Weitere Projekte und Planungen

Der gute Erfolg des DIHZ in Singapur hat natürlich neue Projekte und Planungen ausgelöst. Bereits in der Verwirklichungsphase befinden sich „Deutsche Häuser" in Beijing und in Jakarta. Das DIHZ in Jakarta soll in der zweiten Hälfte 1998 eröffnet werden, bereits seit April 1997 werden Anmeldungen entgegengenommen. In der Diskussionsphase befinden sich Projekte in Seoul, Bombay, Bangkok und in Vietnam, wobei über den Standort in Hanoi oder in Ho Chi Minh City noch keine Entscheidung gefallen ist. Die Deutsch-Koreanische Handelskammer in Seoul hat im August 1997 in ihrem Gebäude ein „German Office" mit etwa 500 qm Bürofläche eröffnet, hier können

KMU kleinere Büroflächen anmieten. Damit ist der erste Schritt für ein „Deutsches Haus" getan.

In einem Koordinierungsausschuß unter Vorsitz des Wirtschaftsministeriums Baden-Württemberg ist ein Anforderungsprofil für deutsche Industrie- und Handelszentren festgelegt worden. Von zentraler Bedeutung ist die Tatsache, daß die DIHZs vorrangig den Bedürfnissen der mittelständischen Wirtschaft entsprechen sollen und Unternehmen aus ganz Deutschland offenstehen. Die „Deutschen Häuser" sollen möglichst privatwirtschaftlich organisiert werden und kostendeckend arbeiten; sie können in das bestehende Außenwirtschaftsförderungsinstrumentarium eingebunden werden. Anzumerken ist, daß sich die Bundesregierung nicht an der Finanzierung der „Deutschen Häuser" beteiligt. Informationen über die „Deutschen Häuser" und die Mietkonditionen können bei jeder Industrie- und Handelskammer oder den sonstigen Ansprechpartnern in den Bundesländern erfragt werden; die Adressen der jeweiligen Projektträger befinden sich im Anhang.

Koordinierungs-
ausschuß legt
Anforderungsprofil
fest

Fazit:

- Für ein noch asienunerfahrenes KMU ist eine gemeinschaftliche Initiative zur Markterschließung empfehlenswerter als ein Alleingang.
- KMU müssen dabei allerdings häufig „über ihren Schatten springen", da die Eigenständigkeit eines ihrer typischen Kennzeichen ist.
- Die Beteiligung an einer Delegationsreise oder an einem Gemeinschaftsstand auf einer Auslandsmesse sind als gute Beispiele von Gemeinschaftsinitiativen bereits erwähnt worden.
- Andere Formen sind die Errichtung eines Firmengemeinschaftsbüros im Ausland oder die Beteiligung an einem Firmenpool.
- Beide Gemeinschaftsinitiativen können aus den Außenwirtschaftsförderungsprogrammen einiger Länder finanziell unterstützt werden.
- Bei der Zusammensetzung der Büros oder der Pools ist allerdings darauf zu achten, daß die teilnehmenden KMU „zueinander passen".
- Daher ist es ratsam, daß diese Initiativen durch einen neutralen Dritten organisiert werden, z.B. durch eine Industrie- und Handelskammer.

- Insbesondere für die Firmenpools ist die IHK-Gesellschaft zur Förderung der Außenwirtschaft und Unternehmensführung in Bonn ein guter Ansprechpartner.
- Eine weniger praktizierte Möglichkeit einer gemeinschaftlichen Initiative ist das Modell „Unternehmer helfen Unternehmern", auch „Huckepack-Verfahren" genannt.
- Dabei handelt es sich um die Idee, daß ein asienerfahrenes Unternehmen einem Asienneuling sein Know-how und seine Fazilitäten vor Ort in Asien ohne vertragliche Vereinbarung zur Verfügung stellt.
- Für Japan ist auch die Inanspruchnahme der Dienstleistungen der „Business Support Centers" eine gute, allerdings von deutschen KMU weniger genutzte Alternative.
- Eine sehr effiziente Möglichkeit zum Aufbau eines Netzwerkes als Gemeinschaftsinitiative oder auch allein ist die Einmietung in eines der „Deutschen Häuser".
- Das „Vorzeigeprojekt" in Singapur ist ein idealer Standort für die Bearbeitung des südostasiatischen Marktes.
- Im Jahre 1998 wird ein DIHZ in Jakarta eröffnet, wofür die Anmeldefrist bereits angelaufen ist.

12 Kontakte - und nun? - Auswertung und Umsetzung

Wenn ein KMU an einer Delegationsreise oder an einer Auslandsmesse teilgenommen hat, schwindet mit großer Wahrscheinlichkeit die vielfach behauptete und wohl auch objektiv vorhandene Scheu vor „exotischen" Märkten, und das Vertrauen in die eigenen Fähigkeiten und die Sicherheit im Umgang mit neuen Geschäftspartnern nehmen zu. Kontakte zu potentiellen Geschäftspartnern sind relativ schnell hergestellt, insbesondere wenn es gelungen ist, die verschiedenen im Auslandsgeschäft handelnden Personen und Institutionen zu einem individuellen Netzwerk zusammenzuknüpfen. Als nächster Schritt sind nun die verschiedenen Kontakte zu bewerten und zu entscheiden, auf welchem Wege die konkrete Marktbearbeitung erfolgen soll. Schon eingangs wurde erwähnt, daß bisher noch zu viele deutsche Unternehmen davon ausgehen, sich mit dem Aufbau eines Exportgeschäftes einen Markt erschlossen zu haben. Der Asienreisende, der sich ein wenig in die asiatische Geschäftswelt „hineingefühlt" hat, wird schnell zu der Erkenntnis kommen, daß nur in Ausnahmefällen ein Geschäft auf schnellem Weg zustande kommt und ein Vertrag ohne große Diskussionen unterschrieben wird. Und wenn er ein wenig mehr in die asiatische Mentalität eingetaucht ist, wird der KMU erkennen und auch akzeptieren, daß ein unterschriebenes „Papier" nicht das Ende der Verhandlungen ist, sondern häufig erst der Anfang. Für viele asiatische Geschäftsleute ist es zwar gut und wichtig, ein unterschriebenes Schriftstück zu besitzen, aber häufig ist es für sie lediglich eine Unterlage, die eine grundsätzliche Übereinstimmung der Interessen dokumentiert und eine Basis zur Konkretisierung und Interpretation darstellt. Der deutsche Geschäftsmann, der „stur" auf der Einhaltung eines einmal vereinbarten Vertragstextes beharrt, wird erhebliche Schwierigkeiten mit dem selbstverständlichen Pragmatismus seiner asiatischen Geschäftspartner haben.

„Richtige" Nutzung der Kontakte und Netzwerke ist wichtig ...

... und die Erkenntnis, daß Exporte allein nicht ausreichen

Der Asienneuling wird also schnell erkennen, daß die Geschäftsanbahnung eine häufige Anwesenheit im Zielland erforderlich macht, und diese Erkenntnis kommt umso schneller, je deutlicher wird, daß das Exportgeschäft nicht immer ein guter und einfacher Weg ist. Zum einen muß man wissen, daß die Mehrzahl der asiatischen Staaten eine Wachstumspolitik über massive Exportförderung verfolgt hat, bei der Importliberalisierung dagegen zögerlicher und selektiv vorgegangen ist. So haben verständlicherweise Produkte trotz hoher Preise einen leichteren Zugang zu einem asiatischen Markt, wenn sie im eigenen Land noch nicht hergestellt und für die wirtschaftliche Entwicklung dringend benötigt werden, während Produkte, die dort bereits hergestellt, nicht benötigt werden und meistens preislich auch nicht wettbewerbsfähig sind. Selbst bei fortgeschrittener Importliberalisierung wird der KMU erkennen, daß er zu seinen deutschen Herstellungspreisen nur schwer Geschäftspartner finden wird. Natürlich differieren die Verhältnisse von Land zu Land und von Produkt zu Produkt, dennoch wird in vielen Fällen die Erkenntnis wachsen, daß sich ein qualitativ gutes Produkt, auch wenn es auf Kaufinteresse gestoßen ist, wegen zu hoher Importzölle oder fehlender Devisen oder einfach wegen des zu hohen Preises nicht verkaufen läßt. Das kann z.B. insbesondere in China oder auch Vietnam der Fall sein, wo staatliche Betriebe noch einen beträchtlichen Anteil an der wirtschaftlichen Entwicklung haben. Auch der kleinere Unternehmer muß und wird daher schnell erkennen, daß eine auf längere Sicht gerichtete Zusammenarbeit mit seinem asiatischen Partner ihm die besseren Marktchancen bietet. Das joint venture, also das gemeinschaftliche Produktionsunternehmen, muß zwar nicht die primäre Zielsetzung bzw. Konsequenz aus der Markterkundung sein, aber der KMU sollte sich zumindest im Grundsatz darüber klar werden, daß er bereit sein muß, den Weg der Zusammenarbeit bis dahin zu gehen.

Anwesenheit vor Ort liegt also nahe ...

Die Markterschließung und -bearbeitung mit dem Ziel einer engeren Zusammenarbeit mit einem asiatischen Partner verlangt natürlich eine noch häufigere Anwesenheit vor Ort. Das bedeutet, entweder regelmäßige Reisen in das Zielland oder die Errichtung einer Vertretung. Mit dieser Entscheidung gewinnen die eingangs erwähnten Kostenfragen erheblich an Bedeutung, denn sowohl häufige Reisen nach Asien oder auch Einladungen an die asiatischen Geschäftspartner als auch die Unterhaltung einer Vertretung im Zielland erhöhen beträchtlich die Anlaufkosten. Daher sollten die Empfehlungen, gemeinschaftliche Wege zu gehen, ernsthaft geprüft werden. Wer sich also durchgerungen hat, mit anderen Unternehmen ein Firmengemeinschaftsbüro zu errichten, sich einem Firmenpool anzuschließen, sich mit anderen Unternehmen zusammen oder auch allein in einem „Deutschen Haus" einzumieten, hat mit Sicherheit eine gute Entscheidung getroffen. Denn er hat sich zwei Vorteile erschlossen, zum einen hat er eine kostengünstige Gelegenheit genutzt, um in Ruhe und ohne Zeitdruck die Markterkundung und die Kundenbetreuung zu betreiben, und zum anderen hat er die Vorlaufkosten halbwegs kalkulierbar gemacht.

... z.B. durch Gemeinschaftsinitiativen,

Nun stehen diese Möglichkeiten allerdings nicht überall zur Verfügung; das Netzwerk der „Deutschen Häuser" ist noch recht großmaschig, und die dort angebotenen räumlichen Kapazitäten sind begrenzt. Auch Firmenpools stehen nicht überall und immer in der gewünschten Form zur Verfügung. Die Errichtung von Firmengemeinschaftsbüros leidet häufig unter dem Problem, daß sich nicht leicht gleichgesinnte Unternehmen in eigener Initiative zusammenfinden.

... die nicht überall und immer realisierbar sind

Viele KMU sind daher gezwungen, allein ihre Präsenz vor Ort im Zielland zu organisieren, andere wollen diesen Weg auch allein gehen. Für den Alleingang ist es nicht einfach, allgemeinverbindliche Empfehlungen zu geben. Hier kommt es sehr auf die individuellen Vorstellungen und Wünsche des Unternehmens an. Zwei generelle Anmerkungen sind allerdings möglich. Wer „seinen eigenen Mann" im Zielland haben möchte, muß sich darüber klar sein, daß das eine teure Angelegenheit ist. Ob in Tokyo, Shanghai, Manila oder in Hanoi, in keiner asiatischen Großstadt wird man ein halbwegs repräsentatives Büro und einen deutschen Manager mit dem erforderlichen Spesenkonto unter 500.000 DM pro Jahr bekommen können. Auch asiatische Staatsangehörige als Büroleiter sind nicht einfach und auch nicht immer wesentlich billiger zu finden. Asiatische Fachleute, ob Ingenieure oder Betriebswirte, die die deutsche Sprache beherrschen und sich mit deutschen Produkten auskennen, sind nicht leicht zu finden. Zudem muß man damit rechnen, daß sie besseren Konditionen der Konkurrenz aufgeschlossen sind oder ohnehin nur bereit sind, Vertretungen bzw. Positionen für zwei oder mehr Auftraggeber zu übernehmen.

Die eigene Vertretung vor Ort kann teuer werden

Etwas einfacher ist die Situation in Indonesien und Vietnam. Es gab eine Zeit, zu der viele Indonesier in Deutschland studiert haben. Auch wenn diese Zeit lange vorbei ist, gibt es auch jetzt noch in Indonesien viele Rückkehrervereinigungen, sog. Alumni, die in freundschaftlicher Erinnerung geselligen Umgang miteinander pflegen. Inzwischen sind die damaligen Studenten überwiegend in gute Positionen in der Wirtschaft und Verwaltung aufgerückt und können zumindest als Anlaufstelle bei der Personalsuche helfen. Die Rückkehrervereinigungen sind in einem Dachverband locker organisiert, zu dem man z.B. über die deutsche Botschaft in Jakarta Verbindung aufnehmen kann. In Vietnam gibt es viele Akademiker und sonstige Fachleute, die ihre Ausbildung in der ehemaligen DDR erhalten haben. Auch sie sind teilweise in verantwortungsvolle Positionen in Wirtschaft und Verwaltung aufgestiegen, sprechen gut deutsch, sind deutschfreundlich und pflegen, wenn in der Regel auch nicht organisiert, Beziehungen zueinander. So gibt es z.B. besondere Zusammengehörigkeitsgefühle zwischen den Vietnamesen, die in etwa zur gleichen Zeit in Berlin, Dresden oder Leipzig studiert oder gearbeitet haben. Wenn es einem deutschen Unternehmer gelingt, zu einem Mitglied einer derartigen Gruppe Zugang zu finden, dann lassen sich Wege finden und Türen öffnen, die anderenfalls versperrt sind.

Vertretungen vor Ort unterliegen gesetzlichen Melde- bzw. Genehmigungspflichten

Die andere Vorbemerkung betrifft die Art der Vertretung vor Ort. Grundsätzlich gibt es verschiedene Formen der Vertretung, wie z.B. Repräsentanz, Verkaufsbüro, Tochterunternehmen oder Gemeinschaftsunternehmen. Diese verschiedenen Formen unterscheiden sich voneinander in der Regel durch die Intensität der Marktbearbeitung. Normalerweise ist die Repräsentanz die erste Stufe der Markterschließung und das eigene oder gemeinschaftliche Produktionsunternehmen die Endstufe, und üblicherweise wird der Marktneuling „vorn" anfangen. Möchte ein KMU dennoch einen anderen Weg wählen, sollte er sich vorher intensiv mit der Auslandsinvestitionsgesetzgebung des jeweiligen Landes auseinandersetzen. Die Mehrzahl der asiatischen Staaten ist natürlich sehr an einem Zustrom ausländischen Kapitals, also an ausländischen Direktinvestitionen, interessiert. Allerdings gibt es doch erhebliche Abweichungen hinsichtlich der Branchen, in denen ausländisches Kapital willkommen ist; hier spielt die landesspezifische Vorstellung von schutzbedürftigen Branchen eine wesentliche Rolle. Die Liberalisierung des Kapitalimports ist daher in den asiatischen Ländern unterschiedlich weit fortgeschritten, und Direktinvestitionen aus dem Ausland sind überwiegend noch genehmigungspflichtig. So sollte man sich im Einzelfall darüber informieren, welche Formen des Kapitalimports lediglich meldepflichtig und welche genehmigungspflichtig sind. Als grobe Faustregel gilt, daß Repräsentanzen und Büros, die keine eigene Geschäftsfähigkeit haben, nur meldepflichtig sind. Aber auch hier können von Land zu Land die bürokratischen Erfordernisse und die Wartezeiten unterschiedlich sein. Auskünfte erteilen die Auslandshandelskammern oder auch die diplomatischen Vertretungen der asiatischen Länder in Deutschland.

Der Vollständigkeit halber soll erwähnt werden, daß bei einem unternehmerischen Engagement im Ausland bestehende Doppelbesteuerungsabkommen und Kapitalschutzabkommen beachtet werden sollten.

Darüber hinaus kann man als dritte Empfehlung dem „Einzelkämpfer" lediglich raten, das geknüpfte Informationsnetzwerk, und zwar insbesondere den ausländischen Teil, so intensiv wie möglich zu nutzen. Wer vorrangig am Exportgeschäft interessiert ist, kann sich natürlich mit den im Asiengeschäft erfahrenen deutschen Handelshäusern in Verbindung setzen. Allerdings sollte auch dieser Weg sehr gründlich geprüft werden; so sind z.B. einige Handelshäuser auf bestimmte Produktgruppen spezialisiert, andere auf bestimmte Länder. Außerdem sind sie nicht immer bereit, die Vermarktung nach den Bedingungen des Auftraggebers durchzuführen, sondern haben - was aufgrund ihrer Markterfahrung verständlich ist - ihre eigenen Vorstellungen von der Marktbearbeitung. Für den Auftraggeber kann das u.U. bedeuten, daß er mit seinen ausländischen Kunden keinen direkten Kontakt aufbauen kann, sondern eher ein Zulieferer an das Handelshaus ist. Aber auch in den asiatischen Ländern gibt es Handelshäuser, deren Vermittlungsdienste geprüft werden sollten. So wird z.B. in Japan deutlich mehr als die Hälfte des gesamten Außenhandels über japanische Handelshäuser abgewickelt. Hat ein derartiges Handelshaus Interesse an dem Produkt eines KMU gefunden, dann steht ihm das gesamte Vertriebsnetz des japanischen Partners zur Verfügung. Im übrigen sind deutsche und auch asiatische Handelshäuser durchaus gute Gesprächspartner über das Exportgeschäft hinaus. Aufgrund ihrer guten Marktkenntnisse wissen sie häufig recht gut über Kooperationswünsche ihrer asiatischen Geschäftspartner Bescheid und kön-

Vertretung durch deutsche oder ausländische Handelshäuser ...

nen Empfehlungen geben und Vermittlungsdienste übernehmen.

... oder durch einen Agenten

In ähnlicher Weise kann ein KMU einen in Asien ansässigen deutschen Agenten oder asiatische Agenten mit der Interessenvertretung beauftragen, um ein eigenes Büro vor Ort zu umgehen. Die Problematik der richtigen Auswahl ist wohl ähnlich zu sehen wie bei der Suche nach einem ausländischen Büroleiter. Ein asiatischer Staatsbürger mit Deutschlanderfahrungen, der entweder kein gesteigertes Interesse an der Vertretung des deutschen Produktes hat oder durch Mehrfachvertretungen überfordert ist, kann durchaus mehr Schaden anrichten als Nutzen stiften. Nur zahlreiche Gespräche möglichst vor Ort können das nicht auszuschaltende Risiko einer Fehlentscheidung halbwegs kalkulierbar machen.

Zusammenarbeit mit einer Anwaltskanzlei

Eine gute und vielleicht noch nicht ausreichend geprüfte Möglichkeit ist die Zusammenarbeit mit einem Anwalt; in vielen asiatischen Städten gibt es deutsche Anwälte mit eigener Praxis oder als Mitarbeiter in einer internationalen Anwaltskanzlei. Außerdem gibt es in allen asiatischen Staaten lokale Anwaltskanzleien, die sich auf das Deutschlandgeschäft spezialisiert haben. Hier bieten sich für den KMU Möglichkeiten, einen Partner zu finden, der auf Honorarbasis die Kundenstruktur sondiert, Gespräche vorbereitet und an persönlichen Treffen teilnimmt. So kann sich der KMU ein Büro vor Ort erschließen, ohne die erforderliche „Infrastruktur" selbst vorhalten zu müssen. Die BfAI in Köln verfügt über eine Datei für alle asiatischen Länder mit den dort ansässigen deutschen Anwälten und den lokalen Anwälten mit Deutschlanderfahrungen. Das Wissen über erfahrene Anwälte vor Ort ist für den KMU ohnehin dann von Bedeutung, wenn er sich im Zielland investiv engagieren will. Das häufig bürokratisch aufwendige Genehmigungsverfahren ist meistens ohne Einschaltung eines Anwaltes gar nicht durchführbar oder nicht zulässig.

Möglichkeiten zur Anmietung von Büroräumen

Wenn ein KMU dennoch an ein eigenes Büro denkt, in dem er mit eigenem Personal vertreten ist oder sich durch eine „Person seines Vertrauens" vertreten läßt, dann gibt es in verschiedenen asiatischen Ländern weitere Möglichkeiten, die sich hier im einzelnen allerdings nicht aufzählen lassen. Die Business Support Centers in Japan wurden schon erwähnt; darüber hinaus gibt es in Japan noch weitere Möglichkeiten, befristet Büroräume zu mieten, ohne daß man auf den sog. freien Markt angewiesen ist. In Bangkok wird z.B. von einem privaten thailändischen Investor ein

„World Trade Center" gebaut, in dem Büroräume zur Miete angeboten und darüber hinaus vielfältige Dienstleistungen zur Verfügung gestellt werden. Und in Hanoi gibt es ein vergleichbares Projekt eines deutschen Investors. Auskünfte über derartige Möglichkeiten erfragt man am besten bei der jeweiligen Auslandshandelskammer.

Der Vollständigkeit halber sollte noch erwähnt werden, daß etliche asiatische Staaten Wirtschaftssonderzonen eingerichtet haben, in denen sich ausländische Investoren zu Sonderkonditionen verschiedener Art niederlassen können. Besonders hervorgetan hat sich dabei China, wo es an der Küste eine ganze Reihe derartiger Sonderzonen gibt; die bekanntesten sind wohl Pudong in Shanghai und Shenzhen direkt neben Hongkong. Andere bekannte asiatische Wirtschaftssonderzonen sind z.B. Subic Bay auf den Philippinen, der ehemalige amerikanische Truppenstützpunkt, und die Eastern Seaboard Development Zone südlich von Bangkok in Thailand. Das weiter oben erwähnte „Deutsche Haus" in Indonesien in der Nähe von Jakarta liegt in einem „deutschen Industriepark", in dem sich also vorwiegend deutsche Unternehmen ansiedeln sollen; übrigens wird dort auch eine deutsche Schule errichtet.

Ansiedlung in Wirtschaftssonderzonen ...

Diese Wirtschaftssonderzonen und Industrieparks dienen natürlich vorrangig dem Ziel, ausländisches Kapital anzuziehen; willkommen ist also in der Regel nur der Unternehmer, der eine Produktion aufbauen will, entweder allein oder in einem Gemeinschaftsunternehmen. Für den Asienneuling sind sie daher in der Regel weniger geeignet, es sei denn, daß für ihn das Endziel seiner Markterschließungsinitiativen, die Produktion in Asien, schon relativ feste Konturen hat. Informationen über Wirtschaftssonderzonen und Industrieparks und über Anbieter von Büroräumen mit zusätzlichen Dienstleistungen erhält man in Asien von den dortigen Auslandshandelskammern oder Delegierten der Deutschen Wirtschaft. Aber auch in Deutschland sind diese Informationen relativ leicht zu erhalten; nahezu alle asiatischen Staaten haben Außenstellen ihrer Wirtschaftsförderungsinstitutionen in Deutschland, zum Beispiel Japan, China, Korea, Hongkong, Taiwan, die Philippinen, Malaysia, Singapur, Thailand und Indien; eine Adressenliste befindet sich im Anhang. Eine gute Adresse ist auch der Ostasiatische Verein (OAV) in Hamburg. Außerdem ist es immer empfehlenswert, die BfAI in Köln zu fragen; sie ist eine nahezu unerschöpfliche Quelle für Informationen der verschiedensten Art über alle asiatischen

... weniger geeignet für den Asienneuling

Märkte, die auch über die neuen Kommunikationswege abrufbar sind.

Fazit:

- Sind die ersten Kontakte geknüpft und ist die Entscheidung für eine Markterschließung gefallen, dann folgt mit der Umsetzung der schwierigere Teil der Marktbearbeitung.
- Die Grundsatzentscheidung wird sein müssen, ob der Zielmarkt allein über das Exportgeschäft erschlossen werden soll oder ob auch auf mittlere Sicht eine Zusammenarbeit in der einen oder anderen Form beabsichtigt ist.
- Der KMU wird schnell erkennen, daß es viele gute Gründe gibt, sich einer Zusammenarbeit mit seinem ausländischen Partner nicht zu verschließen.
- Er wird sich also mit der Konsequenz auseinandersetzen müssen, daß die Pflege der angeknüpften Geschäftsbeziehungen eine häufige Anwesenheit vor Ort erforderlich machen wird.
- Dazu muß er die verschiedenen Alternativen prüfen, wie z.B. ständige Reisen nach Asien, Beauftragung eines Agenten, Errichtung einer Repräsentanz oder eines Vertriebsbüros bis hin zur Gründung einer Filiale oder eines Gemeinschaftsunternehmens.
- Alle diese Fragen können natürlich nur im Einzelfall beantwortet werden und sind abhängig von den einzelnen Märkten und den Produkten, von den Wünschen der Partner und von den jeweiligen gesetzlichen Bestimmungen.
- Am Ende der Überlegungen wird die Erkenntnis stehen, daß eine auf mittlere Sicht angelegte Markterschließung eine „teure" Angelegenheit sein wird.
- Damit wird die Erkenntnis verbunden sein, daß gemeinschaftliche Initiativen, wie z.B. Firmengemeinschaftsbüros, Firmenpools oder Einmietung in ein „Deutsches Haus" allein aus Kostengründen gute Alternativen sind.
- Wenn der KMU den Weg allein gehen muß oder will, muß er die verschiedenen Möglichkeiten einer Präsenz vor Ort unter Kosten-, Risiko- und Erfolgsgesichtspunkten besonders sorgfältig abwägen.
- Und umso wichtiger ist es für ihn, sich ein zuverlässiges Informationsnetzwerk aufzubauen.
- Er sollte sich bemühen, über die zentralen Knotenpunkte des Netzwerks, wie Botschaften und Auslandshandels-

kammern, hinaus zusätzliche Informanten und Kontaktstellen kennenzulernen.
- Das können z.B. deutsche und ausländische Handelshäuser, deutsche und ausländische Anwaltsbüros, Anbieter von Büroräumen mit zusätzlichen Dienstleistungsangeboten, Wirtschaftssonderzonen und ausländische Handelsförderungsstellen sein.
- Auskünfte erteilen die Auslandshandelskammern. Viele Informationen kann man auch in Deutschland erhalten, wobei man den OAV und die BfAI nicht übergehen sollte.

13 Woher kommt das nötige Geld? - Finanzierungsnotwendigkeiten und -möglichkeiten

Eine auf mittlere Sicht angelegte Markterschließung kann eine teure Angelegenheit werden; die anfallenden Kosten lassen sich grob in drei Kategorien aufteilen. Da sind zum einen die Anlauf- oder Vorlaufkosten, also die vielen kostenwirksamen Maßnahmen, die im Zusammenhang mit der Markterkundung und Partnersuche stehen. Ist die Entscheidung für eine Präsenz vor Ort gefallen, werden im Regelfall Investitionen erforderlich. Und schließlich wird sich bei ersten Markterfolgen irgendwann auch die Frage der qualitativen und quantitativen Personalanpassung stellen. Der Einstieg in das Auslandsgeschäft ist also mit einem Kostensprung verbunden, dem in der Anlaufphase keine halbwegs verläßlich kalkulierbaren Erträge gegenüberstehen. Die dann zwangsläufig auftretenden Finanzierungsprobleme sind häufig auch der wesentliche Grund, der insbesondere kleine KMU oder Unternehmen mit einer nicht ganz soliden Kapitalstruktur vom Auslandsgeschäft abhält. Hier handelt es sich um ein ernstes Problem, da die betriebsgrößenbedingten Nachteile der KMU insbesondere im Finanzierungsbereich so alt sind wie der Mittelstand selbst und eines der wesentlichen Motive einer auf Nachteilsausgleich gerichteten Mittelstandspolitik sind. Dieses Problem gibt auch Anlaß zu einer Kritik an der Außenwirtschaftspolitik der Bundesregierung. Sie appelliert an die mittelständische Wirtschaft, sich verstärkt um die Wachstumsmärkte in Asien zu bemühen und ruft dabei den Eindruck hervor, als ob es sich dabei lediglich um Fragen des Interesses und des guten Willens handelt. Die Bundesregierung trägt ganz offensichtlich der Tatsache zu wenig Rechnung, daß sich eine mittelstandsorientierte Außenwirtschaftspolitik auch und gerade um den Ausgleich der betriebsgrößenbedingten Nachteile bemühen muß, die sich bei der beabsichtigten Eingliederung in die Außenwirtschaft als besonders hemmend erweisen, und diese Nachteile liegen nun einmal zu einem

Auslandsgeschäft bedeutet Kostensprung ...

... und damit neue Finanzierungsaufgaben

einem wesentlichen Teil im Finanzierungsbereich. Die Bundesregierung macht es sich zu einfach, wenn sie auf die primäre Zuständigkeit der Länder für die Mittelstandspolitik verweist.

Kategorien von Vorlaufkosten

Als Vorlaufkosten kann man alle die verschiedenen Kostenkategorien bezeichnen, die bis zum ersten Auftrag oder bis zur Entscheidung über ein investives Engagement anfallen. Dazu gehören z.B. die Kosten für die Teilnahme an Delegationsreisen oder an Messen im Ausland, Kosten für individuelle Reisen, für Einladungen an potentielle Geschäftspartner, Kosten für die Anfertigung von Konstruktionszeichnungen, für die Herstellung von Modellen und Pilotanlagen und für die Schulung ausländischer Fachkräfte im eigenen Betrieb. Auch die Honorare für Beratungen oder Agenten können hier einbezogen werden. Und nicht zu vergessen sind die vielen kleinen „Gefälligkeiten", die es nahezu überall in Asien, vielleicht mit den Ausnahmen Japan und Singapur, gibt. Ein Asienneuling sollte nicht leichtfertig und empört über Auswüchse von Korruption, Bestechung und von „Schmiergeldern" reden, sondern sollte die erwarteten Gefälligkeiten als einen Aspekt der asiatischen Geschäftspraxis begreifen und vielleicht auch einmal darüber nachdenken, ob in anderen Gesellschaftsordnungen derartige Praktiken nicht auch üblich sind. Auf jeden Fall sollte sich der Asienneuling über die herrschenden „Spielregeln" in seinem Zielland gründlich informieren, um dann zu entscheiden, ob er mitspielen möchte oder auf das Spiel verzichten will. Die zuverlässigsten Informationen über die „Spielregeln" erhält er natürlich im Gespräch mit landeserfahrenen Unternehmern.

Finanzierung aus dem Betriebsmittelkredit

Die Finanzierung derartiger Vorlaufkosten ist normalerweise nur aus Eigenmitteln möglich bzw. aus der Betriebsmittelkreditlinie bei der Hausbank. Da sich die Höhe des bestehenden Betriebsmittelkredits an dem bisherigen Geschäftsumfang orientiert, bereitet häufig die gewünschte Aufstockung schon die ersten Finanzierungsschwierigkeiten. Die zwangsläufige Frage der Hausbank nach den Sicherheiten kann ein KMU nur beantworten mit seinem Wunsch, sich irgendwo in einem asiatischen Land einen neuen Markt zu erschließen. Da diese Bereitschaft zur Risikoübernahme nur in seltenen Fällen von der Hausbank honoriert wird, sieht sich der kleinere KMU häufig gezwungen, zusätzliche Sicherheiten beizubringen. Häufig muß dann auf das Privatvermögen zurückgegriffen oder eine zusätzliche Lebensversicherung abgeschlossen werden. Das bedeutet im Ergebnis, daß die ersten Schritte ins Ausland nicht nur mit einem zusätzlichen betrieblichen Risiko verbunden sind, sondern daß auch die Familie des Unternehmers in die Haftung mit einbezogen werden kann. Bei der Finanzierung der Vorlaufkosten gibt es praktisch keine öffentlichen Förderungsmöglichkeiten, bis auf die bereits erwähnten Zuschüsse zu Außenwirtschaftsberatungen und Messeteilnahmen.

Bei Exportgeschäften als den häufig ersten Einstieg in das Auslandsgeschäft tauchen neue Finanzierungsfragen auf. Andere Länder haben andere Zahlungssitten und Finanzierungsgepflogenheiten, und es tauchen verschiedene zusätzliche Risiken auf. Hierbei handelt es sich um die normalen Probleme bei der Abwicklung des Außenhandelsgeschäfts, die über die Banken erfolgt und hier daher auch nicht weiter behandelt werden soll. Einige öffentliche Förderungsmöglichkeiten gibt es bei der mittel- und langfristigen Exportfinanzierung, z.B. das Exportförderungsprogramm der Kreditanstalt für Wiederaufbau KfW und die Exportkreditversicherung durch die Hermes AG, die von der Zielsetzung kein Förderprogramm ist, sondern ein Versicherungsgeschäft. Dieses Bürgschafts- und Garantieprogramm der Bundesregierung, über das allenfalls 10 % der gesamten deutschen Exporte abgesichert werden und das von der mittelständischen Wirtschaft nur wenig in Anspruch genommen wird, wird im Sinne einer verbesserten Akzeptanz für den Mittelstand überprüft. Aber auch diese Instrumente gehören zum Bereich der normalen Außenhandelsfinanzierung und sollen hier nicht weiter erörtert werden.

Außenhandelsfinanzierung ist normales Bankgeschäft

Die Finanzierungsprobleme der KMU nehmen zu, wenn im Rahmen einer angestrebten Zusammenarbeit mit einem ausländischen Partner Investitionen oder Kapitalbeteiligungen erforderlich werden. Sofern keine Finanzierung aus Eigenmitteln gewollt oder darstellbar ist, wird sich der KMU an seine Hausbank wegen einer Kreditfinanzierung wenden müssen. Insbesondere der Auslandsneuling oder auch das kleinere Unternehmen trifft dann häufig auf nicht erwartete Schwierigkeiten. Bei der mittel- bzw. langfristigen Kreditgewährung ist für die Hausbank die Stellung von Sicherheiten natürlich eine prioritäre Frage. Mit Blick auf das erhoffte Asiengeschäft hat der KMU dagegen in der Regel keine anderen Sicherheiten anzubieten als eben die Hoffnung, daß aus der beabsichtigten Zusammenarbeit mit seinem asiatischen Partner auch ein geschäftlicher Erfolg

Mittelfristiges Auslandsengagement erhöht die Finanzierungsprobleme

wird. Andererseits ist durchaus nachzuvollziehen, wenn die Hausbank in einer vorgelegten Projektskizze weniger den erhofften Erfolg und mehr das vorhandene Risiko sieht und allenfalls zu verschlechterten Konditionen oder gegen gute Sicherheiten zur Kreditgewährung bereit ist. Wenn nicht schon bei der Beantragung eines höheren Betriebsmittelkredits zur Finanzierung der Anlaufkosten, dann wird der KMU jetzt vor die Notwendigkeit gestellt, sein Privatvermögen und damit die Mitverantwortung seiner Familie einzubringen, wenn er sein Asienprojekt realisieren möchte.

Mobilisierung von Gesellschafterdarlehen

Eine naheliegende Lösung ist, das in der Regel objektiv vorhandene Risiko zu teilen, indem neben der in Aussicht gestellten Bankfinanzierung vorhandene Gesellschafter zu zusätzlichen Leistungen, z.B. Gesellschafterdarlehen, motiviert werden. Häufig ist daher mit den Kreditverhandlungen die Aufforderung verbunden, nach einem potenten Gesellschafter zu suchen. Auch wenn dieses Argument einleuchtend erscheint, ist es insbesondere für den kleinen oder asienunerfahrenen KMU nicht unproblematisch. Unabhängig von der häufig anzutreffenden Abneigung mittelständischer Unternehmer, sich „in die Geschäftsführung hineinreden zu lassen", muß der KMU befürchten, daß sein solventer Partner ihn bei guten Geschäftserwartungen eines Tages aus dem Geschäft herausdrängt oder sogar aus dem gesamten Unternehmen.

Sonstige Möglichkeiten zur Vermeidung von Finanzierungsproblemen

Gerade der kleinere, im Asiengeschäft noch unerfahrene Unternehmer findet sich also in einem Teufelskreis wieder. Von der politischen Seite wird er aufgefordert, seine Chancen auf den Wachstumsmärkten in Asien wahrzunehmen; hat er sich zu dieser nicht einfachen Entscheidung durchgerungen, läuft er in eine Art Finanzierungsfalle, denn er erhält seine Bankfinanzierung nur dann, wenn er sich und seine Familie „mit Haut und Haaren" der Bank verschreibt. Die Fluchtwege aus dieser Falle sind zwar gering, aber dennoch gibt es einige, die der KMU daher sehr sorgfältig und rechtzeitig prüfen sollte. Zunächst sollte er sich neben der eigenen Überprüfung der Bonitäts- und Sicherheitssituation darüber Klarheit verschaffen, was er von seinen Gesellschaftern zu erwarten hat und ob und unter welchen Bedingungen er bereit ist, zusätzliche potente Gesellschafter aufzunehmen. Wenn er dann eine Projektbeschreibung mit einem Finanzierungsplan hat, sollte er nicht sofort zu seiner Hausbank zu Kreditverhandlungen gehen. Er muß damit rechnen, daß der für ihn zuständige Kreditsachbearbeiter in eine „Länderliste" schaut und je nach Länderrisiko ihm Kreditkonditionen nennt, die ihm die „Lust auf Asien" nehmen. Zumindest sollte er nur dann zu seinem Kreditsachbearbeiter gehen, wenn er das Gefühl hat, daß er eine konstruktiv-kritische Finanzierungsberatung erhält oder wenn er sich selbst vorher über etwaige Finanzierungsalternativen und bestehende öffentliche Förderungsmöglichkeiten informiert hat. Eine vorausgehende Finanzierungsberatung wäre daher durchaus angebracht. Hier gibt es verschiedene Möglichkeiten, deren Inanspruchnahme vom Einzelfall abhängig ist.

Sofern der Unternehmer Kunde bei einer größeren Bank ist, die möglicherweise in einigen asiatischen Ländern mit Repräsentanzen vertreten ist, sollte er vor der Beantragung eines Kredits mit dem für das Asiengeschäft verantwortlichen Mitarbeiter ein Gespräch führen. Außerdem sollte der KMU mit den bereits mehrfach erwähnten Ansprechpartnern auf Landesebene Kontakt aufnehmen, oder er sollte die im jeweiligen Wirtschaftsministerium für Mittelstandsförderung und Unternehmensfinanzierung zuständigen Mitarbeiter fragen. Einige Länder bieten auch im Außenwirtschaftsfinanzierungsbereich Hilfestellungen an. Drittens kann natürlich auch ein Unternehmensberater eingeschaltet werden, der die allerdings nicht zahlreichen außenwirtschaftlichen Finanzierungsprogramme kennt. Außerdem gibt es in einigen Ländern öffentliche oder gemischtwirtschaftliche Finanzierungsinstitutionen, die die Beratung in Fragen der Außenwirtschaftsfinanzierung als Aufgabe haben.

Möglichkeiten für Finanzierungsberatungen

Zwei auf Bundesebene verfügbare Programme werden von der Kreditanstalt für Wiederaufbau (KfW) verwaltet; dabei handelt es sich um das KfW-Mittelstandsprogramm-Ausland und um das BMZ-Niederlassungs- und Technologieprogramm des Bundesministeriums für wirtschaftliche Zusammenarbeit und Entwicklung. Aus beiden Programmen werden Investitionen mittelständischer Unternehmen mit leicht differierenden Zielsetzungen durch zinsverbilligte Kredite unterstützt. Auf Einzelheiten zu diesen Programmen soll an dieser Stelle verzichtet werden. Informationen, die auf Merkblättern jedermann verfügbar sind, erteilen die Hausbanken, die KfW mit Sitz in Frankfurt und das Beratungszentrum der KfW in Berlin. Die Inanspruchnahme dieser Programme ist allerdings in der Praxis mit einigen Einschränkungen verbunden. Meistens ist das Antragsvolumen pro Jahr deutlich höher als die jährlich zur

Programme der Kreditanstalt für Wiederaufbau

Verfügung gestellten Zinsverbilligungsmittel, so daß die Wartezeit auf eine Antragsbearbeitung leicht mehrere Monate in Anspruch nehmen kann. Wegen des relativ hohen Mindestkreditbetrages, in der Regel 1 Mio. DM, haben kleinere Projekte wenig Aussicht auf Förderung. Dennoch sollte jedem KMU empfohlen werden, bei einem investiven Engagement in Asien die Zinsverbilligungsmöglichkeiten der KfW zu prüfen.

Finanzierungs-möglichkeiten der DEG

Außerdem sollten die Finanzierungs- und Beratungsmöglichkeiten der Deutschen Investitions- und Entwicklungsgesellschaft mbH (DEG) erwähnt werden. Das Angebot der DEG kann auch deswegen als attraktiv bezeichnet werden, weil sie bei gegebener Förderfähigkeit eines Projektes praktisch die Funktion des Finanzierungsberaters übernimmt und alle bestehenden Fördermöglichkeiten auszuschöpfen versucht und durch eine eigene Beteiligung oder auch durch beteiligungsähnliche Darlehen dem Antragsteller praktisch Eigenkapital zuführt. Erwähnenswert ist ebenfalls, daß Antragsteller nicht der kooperationswillige KMU in Deutschland ist, sondern das im Ausland zu gründende Unternehmen; das bedeutet, daß die Darlehen grundsätzlich im Ausland besichert werden. Nicht zu unterschätzen ist zusätzlich die Tatsache, daß die DEG aufgrund langjähriger Auslandserfahrungen, in einigen Ländern unterstützt durch persönliche Vertretung vor Ort, gute Kenntnisse im Umgang mit der jeweiligen Bürokratie hat. Allerdings gelten für kleinere KMU ähnliche Einschränkungen der Inanspruchnahme, wie sie bei den KfW-Programmen gemacht wurden, was allerdings nicht von einer Information im konkreten Einzelfall abhalten sollte. Die DEG ist unter der Adresse Deutsche Investitions- und Entwicklungsgesellschaft mbH, Belvederestr. 40, 50933 Köln, Tel. (0221) 4986-401/402, Telefax (0221) 4986-290 zu erreichen.

EU-Programm ECIP

Ein besonders interessantes Programm ist das bereits erwähnte Programm ECIP (European Community Investment Partners) der Europäischen Union. Das Programm besteht aus vier Fazilitäten, die eine finanzielle Förderung für die Identifizierung von Kooperationsprojekten und -partnern, für die Aktivitäten vor Beginn eines Gemeinschaftsprojektes, für die Finanzierung des Kapitalbedarfs und für Ausbildungs- und Managementhilfe in Aussicht stellen. Das Programm richtet sich in erster Linie an kleine und mittlere Unternehmen. Zur Investitionsfinanzierung stellt ECIP bis zu 20 % des joint-venture-Kapitals zur Verfügung, für die übrigen Förderungskategorien bis zu 50 % der Kosten. Allerdings hat auch die Inanspruchnahme von ECIP einen „Haken"; bei drei der vier Fazilitäten, darunter auch die Investitionsfinanzierung, müssen die Anträge über ein Finanzierungsinstitut eingereicht werden; außerdem muß sich dieses Finanzierungsinstitut an der Investitionsfinanzierung selbst beteiligen. Anträge können allerdings nicht von jeder Bank entgegengenommen werden, sondern die EU hat sich vorbehalten, nur mit von ihr ausgewählten, d.h. akkreditierten Banken oder Finanzinstituten zusammenzuarbeiten. Da sich die EU auch vorbehalten hat, über die eingereichten Anträge selbst zu entscheiden, ist das Interesse deutscher Kreditinstitute, die Abwicklung von ECIP zu übernehmen, nicht sehr groß. Sie scheuen aus teilweise verständlichen Gründen, sich mit kleineren Kooperationsprojekten zu beschäftigen, die viel Arbeit machen und wenig Gewinn versprechen. Dennoch sollte sich der an ECIP interessierte KMU informieren und einen Antrag prüfen. Erste Anlaufstellen können die EU-Beratungsstellen sein, die es in allen Bundesländern gibt. Auch die erwähnten Ansprechpartner in den Bundesländern müßten in der Lage sein, zumindest Grundinformationen und die Liste der in Deutschland akkreditierten Finanzierungsinstitutionen zu beschaffen.

Die Alternative zu fremdfinanzierten Kooperationsprojekten ist die Finanzierung aus Eigenkapital. Dieses Thema wird unter dem Stichwort Bereitstellung von Risikokapital seit einiger Zeit zunehmend diskutiert, wobei die Frage wichtiger wird, in welcher Weise können und wollen die KMU dieses Finanzierungsinstrument annehmen. Das Grundprinzip dieser Finanzierungsform ist, daß professionelle Beteiligungsgesellschaften Kapital mit Eigenkapitalcharakter zur Verfügung stellen und sich diese Dienstleistung in verschiedener Form entgelten lassen. Im Inland ist das inzwischen eine durchaus übliche Finanzierungsmöglichkeit, und es gibt eine Vielzahl von Beteiligungsgesellschaften, die überwiegend in einem Bundesverband zusammengeschlossen sind; hier kann sich ein interessiertes KMU erste Informationen verschaffen.

Etwas problematischer ist allerdings die Situation, wenn Beteiligungskapital für Auslandsprojekte zur Verfügung gestellt werden soll, denn es erhöht sich zwangsläufig das Risiko, was sich dann in einer veränderten Entgeltregelung ausdrücken kann. Nicht alle im Inland tätigen Kapitalbeteiligungsgesellschaften sind daher auch bereit oder in der

Finanzierungen über Beteiligungs- und Risikokapital

Lage, sich bei Auslandsprojekten zu engagieren. Die Zahl der international tätigen Kapitalbeteiligungsgesellschaften ist deutlich kleiner, dafür sind sie häufig größer und mit einem internationalen Netzwerk ausgestattet, teilweise auch mit einem ausländischen Stammhaus z.B. in den USA oder in Großbritannien. Das erschwert wiederum die Situation für den kleineren KMU, sich das benötigte Kapital auf diesem Wege zu beschaffen. Da eine Vielzahl von mittelständischen Unternehmen ohnehin nicht begeistert von der Idee ist, zur Verbesserung ihrer Kapitalstruktur zusätzliche Gesellschafter aufzunehmen und die Unternehmensführung zu teilen, ist ihre Bereitschaft, international tätigen professionellen Kapitalbeteiligungsgesellschaften ein Mitspracherecht einzuräumen, eher zurückhaltend. Zudem muß man feststellen, daß diese internationalen „Profis" ihrerseits kein gesteigertes Interesse haben, ein Kleinprojekt deutscher und asiatischer Partner zu finanzieren. Für den interessierten kleineren KMU wird es daher nicht leicht sein, den für ihn richtigen Weg zu finden. Da es in fast allen Bundesländern Kapitalbeteiligungsgesellschaften mit Orientierung auf den Inlandsmarkt gibt, wäre es ratsam, vor der Beauftragung eines internationalen „Profis" ein Gespräch mit diesen Fachleuten zu führen.

Finanzierung bleibt echter Engpaß für Auslandsneuling

Zusammenfassend muß man wohl feststellen, daß die oben erwähnte Finanzierungsfalle insbesondere für kleinere und auslandsunerfahrene KMU durch die vorhandenen Finanzierungs- und Förderungsmöglichkeiten nur wenig geöffnet werden kann. Die vorhandenen Instrumente richten sich primär an größere Unternehmen bzw. an Unternehmen, die größere Kooperationsprojekte, am besten Gemeinschaftsunternehmen oder Tochtergesellschaften, planen. Insofern zeigt sich auch hier der an anderer Stelle bereits erwähnte Mangel der mittelstandsorientierten Außenwirtschaftspolitik der Bundesregierung. Es gibt keine wirksame Finanzierungshilfe für Auslandsneulinge und kleine und junge Unternehmen. Die von Länderseite an die Bundesregierung herangetragene Idee eines Risikokapitalfonds für das Auslandsgeschäft von KMU ist mit dem Hinweis auf die Finanzierungsaufgabe des Bankensektors abgelehnt worden. Daher ist es umso wichtiger für den asieninteressierten mittelständischen Unternehmer, sich rechtzeitig und so gut wie möglich über die finanziellen Konsequenzen eines erfolgversprechenden Asienengagements Gedanken zu machen. Dazu gehört auch die Überlegung, ob zukünftig die jetzige Gesellschafterstruktur den neuen Erfordernissen angemessen ist.

Der dritte Aspekt des oben erwähnten Kostensprungs sind die Personalkosten. Bei einem auf mittlere Sicht erkennbar erfolgreichen Asiengeschäft ist eine Personalanpassung unvermeidlich. Das gilt nicht nur für die normale Abwicklung des Auslandsgeschäftes durch geeignete Außenhandelskaufleute, sondern betrifft in erster Linie die Führungsebene. Wenn eingangs erwähnt wurde, daß die Erschließung neuer Auslandsmärkte in erster Linie Chefsache ist, dann sollte die Umsetzung der angeknüpften Kontakte Aufgabe einer Führungskraft mit Auslandserfahrungen sein, und das erfordert eine entsprechende Honorierung. Bei der Auswahl dieser Führungskraft gibt es Gesichtspunkte, die teilweise im Widerspruch zueinander stehen. Einerseits sollte die für das Auslandsgeschäft zuständige Person fundierte Unternehmens- und Produktkenntnisse haben, sie soll also nicht nur ein Produkt vermarkten, sondern ein Unternehmen oder besser eine „corporate identity". Da nach asiatischer Vorstellung ein gutes Geschäft eine freundschaftliche Atmosphäre erfordert, sollte dieser „Mann vor Ort" das Firmenimage personifizieren; er sollte daher möglichst der ständige Gesprächspartner zwischen dem deutschen Unternehmen und dem asiatischen Partner sein. Und er sollte mit den gesellschaftlichen Strukturen und den Geschäftsgepflogenheiten in Asien vertraut sein. Für das einzelne Unternehmen heißt das konkret zu entscheiden, ob z.B. in China der Sinologe und in Japan der Japanologe oder in beiden Ländern der Ingenieur oder der Exportkaufmann der bessere Mann ist. Optimal wäre natürlich eine Mischung aus beiden Personen, also der Ingenieur mit einem Sinologiestudium oder der Exportkaufmann mit einem Japanologiestudium oder auch der Chinese mit einem deutschen Fachhochschulabschluß. Das sind Fragen, die im Einzelfall entschieden werden müssen, die aber für den längerfristigen Geschäftserfolg nicht unbedeutend sind.

Anpassung des Managements an das Auslandsgeschäft

Fazit:

- Ein zusätzliches Auslandsgeschäft ist für den KMU in der Regel mit einem Kostensprung verbunden, der für die Entscheidung um so bedeutsamer wird, je kleiner das Unternehmen ist.

- Die wesentlichen Kostenkategorien sind die Anlauf- oder Vorlaufkosten, die Investitionskosten für eine Kooperation mit einem asiatischen Partner und die Personalkosten.
- Unter dem Begriff Vorlaufkosten sind alle Kostenpositionen zu verstehen, die von der Entscheidung über den Einstieg in das Auslandsgeschäft bis zur Entscheidung über eine Präsenz vor Ort anfallen.
- Normalerweise sind das laufende Kosten der Betriebsführung; es ist denkbar, daß dafür eine Aufstockung des Betriebsmittelkredits bei der Hausbank erforderlich ist.
- Schon bei dieser Frage entsteht häufig die Notwendigkeit, zusätzliche Sicherheiten zu erbringen.
- Zusätzliche Finanzierungsnotwendigkeiten tauchen auf, wenn in der Anfangsphase das Exportgeschäft anläuft.
- Dieser Bereich der kurz-, mittel- und langfristigen Exportfinanzierung ist eine typische und normale Angelegenheit des Bankensektors.
- Die Finanzierungsprobleme nehmen zu, wenn im Rahmen einer geplanten Präsenz vor Ort oder durch eine sonstige Form der Zusammenarbeit Investitionen oder Kapitalbeteiligungen erforderlich werden.
- Sofern die Deckung des zusätzlichen Kapitalbedarfs über eine Kreditfinanzierung erfolgen soll, wird das Problem der erforderlichen Sicherheiten deutlicher.
- Zur Ergänzung oder als Alternative stehen einige wenige öffentliche Förderungsprogramme zur Verfügung; das sind zwei Zinszuschußprogramme der KfW und das Beratungs- und Finanzierungsprogramm der DEG.
- Ein aus verschiedenen Gründen noch wenig genutztes Programm ist das EU-Programm ECIP.
- Eine Alternative zur bankmäßigen Fremdfinanzierung ist die Einwerbung von Beteiligungskapital.
- In diesem Fall muß sorgfältig geprüft werden, ob die dafür vorrangig in Frage kommenden international tätigen Kapitalbeteiligungsgesellschaften sowohl ein willkommener als auch ein interessierter Partner eines KMU sind.
- Es ist eine Erfahrungstatsache, daß die mittel- und langfristige Finanzierung eines Auslandsengagements für ein KMU um so schwieriger ist, je kleiner und auslandsunerfahrener es ist.
- Daher ist es ratsam, schon bei der Entscheidung zugunsten des Auslandsgeschäfts Überlegungen anzustellen,

wie bei einem erfolgversprechenden Geschäft eine reibungslose Finanzierung sichergestellt werden kann.
- Außerdem sollte darüber nachgedacht werden, ob die bestehende Gesellschafterstruktur einem expandierenden Auslandsgeschäft angemessen ist.
- Der Aufbau eines Auslandsgeschäfts verlangt spätestens nach Beendigung der Anlaufzeit personelle Konsequenzen, primär auf der Führungsebene.
- Die für das Auslandsgeschäft zuständige Person ist die Klammer zwischen dem deutschen Unternehmen und dem asiatischen Partner.
- Sie sollte daher sowohl das Firmenimage repräsentieren als auch mit den Gesellschaftsstrukturen und Geschäftsgepflogenheiten in Asien vertraut sein.
- Die optimale Kombination ist daher ein Ingenieur bzw. Techniker oder Exportkaufmann mit einer asienorientierten Zusatzqualifikation, z.B. Sinologie oder Japanologie.
- Diese personelle Entscheidung sollte nicht unterbewertet werden, weil nach asiatischer Denkweise gute Geschäfte in der Regel nur in einem freundschaftlichen Klima möglich sind.

14 Schritte zur Markterschließung - Eine Checkliste

Dieser Leitfaden soll in erster Linie kleine und mittlere Unternehmen, junge Firmen und Existenzgründer in der Anlauf- bzw. Konsolidierungsphase ansprechen, die entweder noch weitgehend auslandsunerfahren oder insbesondere Asienneulinge sind. Asien stand zwar im Mittelpunkt der Ausführungen, allerdings kann man die Anregungen und Empfehlungen ohne große Ungenauigkeiten auch auf Lateinamerika übertragen. Weniger geeignet ist dieser Leitfaden für Afrika und die osteuropäischen Reformstaaten, weniger weil es dort nicht in dem Maße wie in Asien dynamisch wachsende Volkswirtschaften gibt, sondern weil das Netz erfahrener deutscher und anderer Ansprechpartner noch nicht so dicht ist. Die Absicht, interessierten Unternehmen eine Checkliste zum Abarbeiten und Abhaken an die Hand zu geben, kann natürlich nur ein Versuch bleiben. Dazu sind die Märkte in Asien zu unterschiedlich und die geeigneten Märkte zur Markterschließung häufig produktabhängig. Letztlich entscheiden Engagement und Nachhaltigkeit des Unternehmers, welche betrieblichen Zielsetzungen er verfolgt und wie er „an die Sache herangehen möchte".

Checkliste bleibt ein Versuch

Dennoch gibt es einige allgemeine Erfahrungen, die asienunerfahrene KMU beherzigen sollten. Häufig muß man feststellen, daß Unternehmer den Eintritt in eine ihnen bisher fremde Gedankenwelt ohne gründliche Vorbereitung mit zu viel Improvisationen und zu geringen Kenntnissen über die Denkweise der Menschen, mit denen sie Geschäfte machen wollen, durchführen. Sie vertrauen auf die Gültigkeit der ihnen von Deutschland oder Europa her bekannten Geschäftsmethoden und verlassen sich zu sehr auf ihre eigenen Fähigkeiten getreu der Devise „ich weiß schon, was ich machen muß". Sie übertragen die ihnen von „zu Hause" vertrauten Erfolgsmuster auf Asien und zeigen wenig Gespür für die Tatsache, daß „in Asien die Uhren

Fehlende Sorgfalt programmiert Mißerfolge

anders gehen". Als erfolgsgewohnte Mittelständler fühlen sie sich als „Einzelkämpfer", der sich am liebsten auf sich selbst verläßt, und zeigen wenig Bereitschaft, mit Gleichgesinnten zusammenzuarbeiten. Die Folgen derartiger Denkweisen und Verhaltensweisen sind vorhersehbar; sie machen Fehler, haben Mißerfolge, erleiden Rückschläge, sind enttäuscht und nicht in der Lage zu erkennen, daß sie selbst die Verursacher dieser Mißerfolge sind, sondern lasten die Fehlschläge ihren asiatischen Gesprächspartnern an. Wenn dann noch negative Erfahrungen in einem Land auf ein anderes Land in Asien ungeprüft übertragen werden, dann kann daraus leicht eine allgemeine Resignation hinsichtlich der Erfolgschancen in Asien werden.

Verständnis für asiatische Denkweisen ...

Eine zentrale Voraussetzung für einen geschäftlichen Erfolg in Asien ist das aufrichtige Bemühen, sich in die asiatische Mentalität hineinzuversetzen, sie zu verstehen und zu akzeptieren und „nach ihren Spielregeln zu spielen". Die Zeiten sind lange vorbei, als die Asiaten nach Europa emporschauten und in den geschäftlichen Beziehungen zu Europa eine Art Entwicklungshilfe sahen. Das Selbstbewußtsein ist in der Zwischenzeit so groß, daß die Regierungen ihre Form der Marktwirtschaft als die dem Westen überlegenere Variante ansehen, und das gilt selbst für die „sozialistische Marktwirtschaft" in China.

... und für gesellschaftliche Strukturen ...

Für den Asienneuling sollte daher ganz oben die Erkenntnis stehen, daß nur viele und gute Informationen Benachteiligungen und Defizite verschiedener Art ausgleichen können. Er sollte wissen, daß in praktisch allen asiatischen Gesellschaften der Informationsaustausch eine hohe Bedeutung hat. Die Erklärung hierfür ist der noch immer hohe Wert, den die Familie im engeren Sinne und die Gruppe im weiteren Sinne in Asien hat und daß es eine zentrale Aufgabe und ehrenvolle Verpflichtung für die Gruppenmitglieder ist, sich für das Wohlergehen der Gruppe einzusetzen, dem sie ihre individuellen Interessen und Neigungen unterordnen. Ein typisches Beispiel für das Gruppendenken ist die „Japan AG", die vielleicht nur aus westlicher Sicht in den letzten Jahren und vielleicht nur vorübergehend an Bedeutung verloren hat. Und ein aktuelles Beispiel, mit dem sich jeder Unternehmer, der in Asien Geschäfte machen will, irgendwann einmal auseinandersetzen muß, sind die Auslandschinesen, die in etlichen asiatischen Staaten wesentliche Teile der wirtschaftlichen Macht in den Händen halten. Sie sind vielleicht sogar der stärkste Wirtschaftsfaktor in Asien außerhalb Japans.

... hilft Fehler vermeiden

Der in Deutschland und Europa erfolgreiche Geschäftsmann sollte auf keinen Fall den Fehler machen, seine asiatischen Geschäftspartner zu unterschätzen. Auch wenn sie vielleicht die marktwirtschaftlichen Spielregeln nicht in unserem Sinne gut beherrschen, die für sie in der Regel ohnehin kein Vorbild sind, so sind sie in der Regel gute Kaufleute und harte Verhandlungspartner. Und sie bringen Engagement und Dynamik, Arbeitslust und Arbeitszeit mit. Wer ihnen nicht ebenbürtig erscheint, wer „missionarisch", „karitativ" oder überheblich auftritt, wird vorhersehbare Enttäuschungen erleben.

Für den an Asien interessierten KMU lassen sich aus den bisherigen Ausführungen folgende Schritte als „Fahrplan" herausfiltern:

1. Nutzen Sie eine Gelegenheit, sich persönliche Eindrücke in Asien zu verschaffen, am besten in einem organisierten Rahmen z.B. durch Teilnahme an einer Delegationsreise oder an einem Messegemeinschaftsstand.

2. Entscheiden Sie nach Rückkehr mit dem Rechenstift, aber auch mit dem Herzen, ob Sie das „Abenteuer Asien" wagen wollen und ob Sie die finanziellen und personellen Kapazitäten für eine Markterschließungsinitiative haben.

3. Kalkulieren Sie mittel- bis langfristig, und zwar nicht nur unter Exportgesichtspunkten, sondern auch mit der Konsequenz einer Zusammenarbeit bis hin zum joint venture.

4. Lesen sie einige gute Bücher über Asien, um ein besseres Verständnis für die historischen Entwicklungen, die gesellschaftlichen Strukturen und die Geschäftsgepflogenheiten zu erhalten.

5. Bauen Sie sich zunächst „zu Hause" ein Informationsnetzwerk auf, ausgehend von den Informanten und Ansprechpartnern in Ihrer Nähe, also in Ihrem Bundesland, und erweitern Sie das Informationsnetz z.B. auf die BfAI und den OAV und auf die Repräsentanten asiatischer Länder in Deutschland.

6. Dann besuchen Sie das Zielland Ihrer Asieninitiative und vervollständigen Sie das Netzwerk durch ausländische Ansprechpartner, das sind an erster Stelle die deutschen diplomatischen Vertretungen und die Auslandshandelskammern bzw. Delegierten der Deutschen

Wirtschaft. Lassen Sie sich am besten dort einführen und bereiten Sie Ihren Besuch sorgfältig vor, z.B. durch Verabredung erster Termine mit potentiellen Geschäftspartnern, durch Informationsbesuche bei für Sie wichtigen Institutionen, durch Gespräche mit dort ansässigen deutschen Unternehmern und durch eine nicht zu knappe Zeitkalkulation.

7. Prüfen Sie nach ersten Gesprächen mit den potentiellen Geschäftspartnern Ihre Bereitschaft zur Zusammenarbeit auf längere Sicht mit der Konsequenz, in geeigneter Form vor Ort präsent sein zu müssen. Nach dieser Zwischenbilanz können Sie noch ohne große finanzielle Verluste und ohne Schaden an Ihrem unternehmerischen Selbstbewußtsein und damit an Ihrer internationalen Wettbewerbsfähigkeit die Markterschließung abbrechen.

8. Bei einer Entscheidung für die Fortsetzung der Markterschließung prüfen Sie vorurteilslos und unter Kosten- und Erfolgsgesichtspunkten die Möglichkeiten für gemeinschaftliche Initiativen mit gleichgesinnten Unternehmen; gemeinschaftliche Ansätze senken nicht nur die Markterschließungskosten und erhöhen die Erfolgsaussichten, sondern bieten durch den in der Regel organisierten Rahmen eine Ausweitung bzw. Verdichtung Ihres Informationsnetzwerkes.

9. Wenn Sie „auf eigene Faust" tätig sein wollen oder müssen, testen Sie die ausländischen Knotenpunkte Ihres Netzwerkes und suchen Sie zusätzliche Informanten, Ansprechpartner und Dienstleister. Fehler oder Fahrlässigkeiten in der Wahl des Geschäftspartners oder eines persönlichen Repräsentanten oder Agenten oder auch ein ungünstig gewählter Standort können Ihr geplantes Marktengagement vorzeitig beenden, weil entweder der gute Informationsfluß in Asien Ihnen zum Verhängnis wird oder Sie selbst resignieren und auf einen zweiten Versuch verzichten.

10. Prüfen Sie spätestens jetzt vor der Entscheidung über einen Alleingang, ob die Einschaltung eines landes- und markterfahrenen Beraters angebracht ist und besprechen Sie diesen Schritt am besten mit den Ansprechpartnern in Ihrem Bundesland und mit einem Ihnen vertrauten landeserfahrenen deutschen Unternehmen.

11. Prüfen Sie vor einer vertraglichen Vereinbarung mit dem asiatischen Geschäftspartner Ihrer Wahl, welche finanziellen Verpflichtungen für welchen Zeitraum Sie eingehen müssen und unter welchen Voraussetzungen eine Finanzierung insbesondere hinsichtlich erforderlicher Sicherheiten darstellbar ist. Informieren Sie sich möglichst vor dem Gespräch mit Ihrer Hausbank über öffentliche Förderungsprogramme, unter Einbeziehung etwaiger EU-Programme, und erwägen Sie auch eine Zusammenarbeit mit Kapitalbeteiligungsgesellschaften.

12. Denken Sie bei allen Gesprächen mit asiatischen Partnern daran, daß Sie nicht aus einem überlegenen Wirtschaftssystem kommen; das sehen viele Asiaten ganz anders. Und denken Sie daran, daß viele Asiaten zumindest genauso clevere Geschäftsleute sind wie Sie selbst.

Wenn Sie sich in groben Zügen an diesen Fahrplan halten, werden Sie schnell ein sicheres Gefühl für den Umgang mit den verschiedenen Informanten und Dienstleistern in Deutschland und auch in den einzelnen asiatischen Ländern erhalten. Und Sie werden feststellen, daß es doch gar nicht so schwer ist, sich auf den „exotischen" Märkten Asiens zurechtzufinden und daß sich Ihre anfängliche Scheu im Nachhinein als unberechtigt erweist.

Eine technische Anmerkung sollte allerdings noch angefügt werden. Sie sollten schon in der Lage sein, Verhandlungen in englischer Sprache zu führen. Insbesondere die jüngere Unternehmergeneration in Asien hat häufig ihre Ausbildung in den USA erhalten oder dort gearbeitet; in Hongkong und Singapur spricht man zudem meistens besser Englisch als in Deutschland. Allerdings dürfen Sie nicht zuviel erwarten, wenn Ihr nicht auslandserfahrener asiatischer Gesprächspartner Ihnen die englische Sprache als Kommunikationsmittel anbietet. Meistens werden Sie schwer einschätzen können, ob Ihr Gesprächspartner Ihrem englischen Redefluß folgen kann. Es gehört wohl zu den wesentlichen Besonderheiten der Kommunikation mit Asiaten, daß sie nicht gerne zugeben, wenn sie etwas nicht verstanden haben. Er wird eher „yes" sagen, auch wenn er nicht verstanden hat, oder er wird ausweichend antworten, aber in seltenen Fällen wird er „I did not understand" sagen. Mit ein wenig Erfahrung können Sie aus seiner Mimik und Gestik und aus geschickten Ergänzungsfragen entnehmen, was tatsächlich „angekommen" ist. Außerdem dürfen Sie sich nur in seltenen Fällen darauf verlassen, daß ein „yes" auch „ja" heißt; häufig heißt „yes" nicht mehr als „ich habe verstanden", und in Einzelfällen kann das auch bedeuten, daß er mit den Vorschlägen oder Ausführungen nicht einverstanden ist.

Daher ist dringend anzuraten, bei wichtigen Gesprächen, wie z.B. Vertragsverhandlungen oder Finanzierungsfragen, einen Dolmetscher hinzuzuziehen. Auch hier ist besondere Sorgfalt erforderlich. Verlassen Sie sich nicht blind darauf, wenn Ihr asiatischer Geschäftspartner seinen Dolmetscher mitbringt. Es gehört auch zu den asiatischen Besonderheiten, daß ein Dolmetscher nicht immer alles übersetzt, was der ausländische Gesprächspartner gesagt hat. So muß man damit rechnen, daß er kritische, peinliche oder unangenehme Formulierungen einfach wegläßt oder entschärft. Sie sind daher gut beraten, wenn Sie die Kosten für einen eigenen Dolmetscher nicht scheuen, den Sie sich am besten durch die Auslandshandelskammer oder die deutsche Botschaft empfehlen lassen.

Eine letzte praktische Anmerkung sei noch angefügt. Bekanntlich ist Asien insbesondere für Geschäftsleute ein „teures Pflaster", besonders hinsichtlich der Hotelübernachtungen. Versuchen Sie allerdings nicht, Geld zu sparen, indem Sie in einem zweit- oder drittklassigen Hotel absteigen. Ihr Geschäftspartner beurteilt Sie und Ihr Unternehmen auch nach dem Hotel, in dem Sie wohnen; er wird Sie dort abholen oder Sie werden ihn dort zum Essen einladen. Natürlich müssen Sie nicht im „First-Class-Hotel" wohnen, daraus würde Ihr Partner eventuell Schlüsse auf Ihre Finanzkraft ableiten. Aber in den asiatischen Hauptstädten gibt es genügend qualitativ gute „Business-Hotels", die sowohl Ihren Ansprüchen als auch den Erwartungen Ihres Geschäftspartners gerecht werden. Am besten lassen Sie sich eine Empfehlung von der Botschaft oder der Auslandshandelskammer geben, die ihre Besucher in der Regel in ausgewählten Hotels einmieten. Wenn Sie die AHK oder die Botschaft um eine Reservierung bitten, haben Sie vielleicht noch den Vorteil, den Kammer- oder Botschaftsrabatt zu erhalten.

15 Chancen für den Mittelstand in Asien? - Einige Anmerkungen von Indien bis Japan

Asien ist ein riesiger Kontinent mit einer Vielzahl von Staaten mit unterschiedlichen Entwicklungsniveaus und mit unterschiedlicher Wachstumsdynamik, mit unterschiedlichen Kulturen, Gesellschaftsstrukturen und Religionen. Die Einteilung der Welt in die drei Gruppen Industrieländer, Entwicklungsländer und Ostblockländer gehört seit einigen Jahren der Vergangenheit an. Lediglich in Nordkorea gibt es noch ein kommunistisches Regime mit einer Planwirtschaft „alten Stils" oder besser gesagt mit einer zentral geleiteten Verwaltungswirtschaft; aber Nordkorea steht ganz im unteren Teil der asiatischen Wohlstandsskala und bietet für ausländische Geschäftsinteressen, auch unter sicherheitspolitischen Gesichtspunkten, nur sehr wenige Ansatzpunkte. In diesem Leitfaden standen die südostasiatischen Wachstumsmärkte im Mittelpunkt des Interesses, auch wenn das bisher z.B. durch Aufzählung der interessanten Länder nicht ausdrücklich gesagt wurde. In einigen Publikationen, z.B. von der Weltbank oder der Asiatischen Entwicklungsbank, wird nach Südasien, Südostasien und Ostasien unterschieden und so eine Abgrenzung zum Nahen und Mittleren Osten, zu Zentralasien, wozu die Nachfolgestaaten der UdSSR zählen, und zu den jungen Staaten im Pazifischen Ozean vorgenommen. Der Nahe und Mittlere Osten z.B. mit Saudi-Arabien und den Vereinigten Arabischen Emiraten (VAE) hat durchaus gute Wachstumspotentiale und kann daher für mittelständische Unternehmen eine interessante Region sein. Dieser Leitfaden kann daher, bei Beachtung der Besonderheiten in der arabischen bzw. islamischen Welt, auch als ein Ausgangspunkt zur Bearbeitung dieser Märkte herangezogen werden. Die jungen Staaten in Zentralasien sind zwar formal Demokratien und Marktwirt-

Regionaler Einsatzbereich des Leitfadens

rigen Entwicklungsniveau und mit teilweise wenig funktionsfähigen Märkten. Strategien zur Erschließung dieser Märkte können möglicherweise anders aussehen als hier dargestellt.

Unterentwickelte Staaten Asiens kein geeignetes „Versuchsfeld"

Wenn also von den Wachstumsmärkten in Asien bzw. von der Region Südostasien gesprochen wird, dann ist in der Regel die Region von Indien bis Japan gemeint, auch wenn das eine etwas unscharfe Definition ist. Allerdings sind nicht alle der gut 20 Staaten in dieser Region für Markterschließungsinitiativen insbesondere asienunerfahrener KMU zu empfehlen. So ist natürlich leicht einzusehen, daß die kleineren Staaten, also mit einer geringen Bevölkerungszahl und mit einem wenig leistungsfähigen Binnenmarkt, die zudem überwiegend noch auf einer recht niedrigen wirtschaftlichen Entwicklungsstufe stehen, nicht gerade das „Versuchsfeld" für asieninteressierte KMU sein sollten. Zu dieser Ländergruppe gehören Nepal, Bhutan, Bangladesch, Sri Lanka, Myanmar, das ehemalige Burma, Kambodscha und Laos. Diese Einschränkung soll nicht heißen, daß man in diesen Kleinstaaten keine guten Geschäfte machen kann, aber wegen in der Regel nicht sehr ausgeprägter Informationsnetzwerke sind die Fehlermöglichkeiten und die „Fallstricke" in diesen Staaten für den Neuling größer und zahlreicher als in den anderen asiatischen Staaten. Auch im Sultanat Brunei Darussalam ist trotz des immensen Reichtums, der aus dem Erdöl kommt und dem Sultan und seiner Familie zugerechnet werden muß, die sonstige Wirtschaftsstruktur und damit der Binnenmarkt recht unterentwickelt.

10 - 12 Wachstumsmärkte in Asien ...

Der Asienneuling sollte daher seine Marktinteressen auf die Staaten konzentrieren, die in den letzten 10 bis 15 Jahren durch hohe Wachstumsraten des Bruttosozialproduktes und wachsenden Wohlstand bei den westlichen Industriestaaten zunehmendes Interesse gefunden haben; das sind, vom Westen gesehen Indien, Thailand, Malaysia, Vietnam, Singapur, Indonesien, die Philippinen, Hongkong, Taiwan, China, Südkorea und Japan. Alle diese Staaten haben unter verschiedenen Gesichtspunkten Besonderheiten oder Eigenarten, die sie als Ziel für einen asieninteressierten KMU attraktiv oder auch weniger interessant machen. Derartige Bewertungen sind häufig sehr subjektiv und entstehen als Stimmungsbilder aus den „Erfolgsstories" und Fehlschlägen, die in der Wirtschaft kursieren. Der Asienneuling, der sein persönliches „Länderrating" nur aus dieser allgemeinen Einschätzung Dritter ableiten kann, sollte sich von solchen Wertungen weder verleiten, begeistern noch abschrecken lassen. Ein typisches Beispiel dafür, zu welchen Verzerrungen derartige öffentliche Stimmungsbilder führen können, ist der trotz der Erfolge in den letzten Jahren immer noch bescheidene deutsche Export nach Japan, wenn man bedenkt, daß es sich hier um zwei der stärksten Industrienationen der Welt handelt. Und ein anderes Beispiel mag Vietnam sein, das nach seiner wirtschaftlichen Öffnung von Scharen von Unternehmen besucht wurde, in der Hoffnung, dort schnelle und gute Geschäfte zu machen, und die dann doch recht ernüchtert zurückgekommen sind.

Auf den folgenden Seiten sollen einige Aspekte und Besonderheiten der zwölf Länder angesprochen werden, die erwähnenswert erscheinen. Diese Ausführungen erheben natürlich keinen Anspruch auf Vollständigkeit; sie sind das Ergebnis persönlicher Reiseeindrücke, zahlreicher Gespräche mit landeserfahrenen Unternehmern, mit Vertretern der deutschen Botschaften und der Auslandshandelskammern und sonstigen Ansprechpartnern, einer regelmäßigen Beobachtung der politischen und wirtschaftlichen Entwicklung in diesen Ländern einschließlich der dazu erfolgten Berichterstattung in den Medien und Fachpublikationen und nicht zuletzt ein Ergebnis von Gesprächen mit Unternehmern, die sich auf den Weg nach Asien gemacht haben, um ihre Marktchancen zu erkunden. Dennoch bleiben die angesprochenen Besonderheiten und auch ihre Auswahl aus weiteren erwähnenswerten landesspezifischen Eigenarten ebenso subjektiv wie die erwähnten Stimmungsbilder. Sie können daher lediglich dem Entscheidungshilfe suchenden KMU einen Anhaltspunkt bieten, bei welchen Themen und Fragen er besonders sorgfältig recherchieren sollte.

... und erwähnenswerte Besonderheiten

Der wohl interessanteste und wohl auch schwierigste Markt in Asien ist *Japan*. Das strukturelle deutsche Handelsbilanzdefizit mit Japan, das seit etwa 1970 bis vor wenigen Jahren ständig zugenommen hat, ist ein deutliches Indiz dafür, daß die deutsche Wirtschaft insgesamt die Schwierigkeiten der Markterschließung deutlich höher bewertet hat als die Marktchancen. Ein Markt von etwa 125 Mio. kauffreudigen, wenn auch anspruchsvollen Verbrauchern hat offensichtlich ebenso wenig stimulierend gewirkt wie die hochentwickelte und breit diversifizierte Industrie. Das weitverbreitete und sich immer noch hartnäckig haltende Gerücht von der Verschlossenheit des japanischen Marktes gehört seit einigen Jahren der Vergangenheit an. Japan ist wohl das einzige Industrieland, das

Japan

eine gezielte Importförderungspolitik betreibt. Die an anderer Stelle erwähnte japanische Außenhandelszentrale JETRO, die ursprünglich als Exportförderungsinstitution gegründet wurde, hat sich nahezu in eine Importförderungsinstitution gewandelt. Wer also den japanischen Markt bearbeiten will, sollte auf jeden Fall zu einer der JETRO-Außenstellen, die es in mehreren deutschen Großstädten gibt, Kontakt aufnehmen. Natürlich gibt es in Japan noch nichttarifäre Handelshemmnisse, die „non tariff barriers (NTB)", die den Marktzugang für einzelne Produkte erschweren oder vielleicht sogar unmöglich machen; aber in diesem Bereich ist weder Deutschland noch die Europäische Union ein Vorbild.

Auch die „Japan-AG" mit dem MITI, dem japanischen Wirtschaftsministerium, an der Spitze gehört seit dem Platzen der „bubble economy" der Vergangenheit an; seit der Rezession zu Beginn der 90er Jahre, aus der sich Japan noch immer nicht so recht erholt hat, ist vieles anders geworden. Dennoch gibt es zweifellos besondere gesellschaftliche und wirtschaftliche Strukturen, die in Japan anders sind als in anderen asiatischen Staaten, und die dem Japanneuling den Marktzugang auch objektiv schwermachen. Wohl kein westlicher Japankenner wagt die Prognose, daß die anhaltende wirtschaftliche Rezession und die ständigen Aufforderungen des Auslands zur verstärkten Marktöffnung tatsächlich zur Auflösung der bestehenden Strukturen führen, auch wenn es gegenwärtig den Anschein hat.

Die Besonderheiten des japanischen Marktes finden ihre Erklärung in der geschichtlichen Entwicklung; über 250 Jahre war Japan von der Außenwelt völlig abgeschlossen, bevor es etwa 1870 die industrielle Aufholjagd einleitete. So hat sich in Japan eine sehr homogene Gesellschaft entwickelt, bedingt durch die wirtschaftlichen Erfolge mit einem gewissen Elitebewußtsein, in der sich praktisch jeder als zum Mittelstand gehörig fühlt. Es haben sich gesellschaftliche und wirtschaftliche Strukturen entwickelt, die weitgehend von einem Gruppendenken bestimmt sind und in die „jemand außerhalb der Gruppe" nur schwer hineinkommen kann. Ein typisches Beispiel sind die „keiretsu", ein zwar nur lockerer Zusammenschluß einer Vielzahl von Unternehmen, die sich um eine Großbank und ein Handelshaus gruppieren. Trotz der in der Regel geringen kapitalmäßigen Verflechtung ist der Informationsaustausch zwischen den Gruppenmitgliedern sehr intensiv und häufig institutionell geregelt. Ein ausländisches Unternehmen, das sich um einen Marktzugang bemüht, sollte daher schon wissen, ob es bei der Partnersuche mit einem Mitglied eines „keiretsu" zu tun hat.

Ein anderes Problem sind die etwas komplizierten Handelswege, die häufig zwischen dem Hersteller und dem Einzelhändler mehrere Großhandelsstufen aufweisen, in der der übergeordnete Großhändler für den untergeordneten, dieser wieder für den Einzelhändler z.B. Lagerhaltungs- und Finanzierungsfunktionen übernehmen. Auch in eine derartige in der Regel festgefügte Gruppe ist es für einen Ausländer schwer hineinzukommen. Um diese Barrieren zu überspringen, die grundsätzlich für ein japanisches Unternehmen in gleicher Weise gelten wie für einen Ausländer, ist es von zentraler Bedeutung, daß man sich durch einen Vermittler mit guter Reputation in den Markt einführen läßt; das kann z.B. ein deutsches oder auch ein japanisches Handelshaus sein. Wenn gerade für Japan immer wieder betont wird, wie wichtig es ist, freundschaftliche Beziehungen herzustellen, dann erklärt sich das durch die Existenz derartiger Gruppen, durch ein ausgeprägtes Gruppendenken und die Frage, ob jemand „innerhalb oder außerhalb der Gruppe" steht. Und so erklärt sich z.B. auch die frühere Bemerkung, daß nahezu alle Bundesländer eine Repräsentanz in Japan haben. Außerdem sollte ein Japan-Interessent nicht die deutsche Industrie- und Handelskammer in Japan übergehen, die einen guten Ruf in Wirtschaft und Politik hat; sie hat eine Außenstelle in Osaka, neben dem Großraum Tokyo das zweitgrößte wirtschaftliche Ballungszentrum Japans.

Wie wichtig auch die Bundesregierung den japanischen Markt nimmt, macht die Japaninitiative deutlich, die sie zusammen mit der Wirtschaft, vertreten durch den Bundesverband der Deutschen Industrie (BDI), im Herbst letzten Jahres in Hamburg gestartet hat. Mit einer Reihe von Großveranstaltungen in deutschen Großstädten ist diese Initiative im Jahre 1997 fortgesetzt worden. Allerdings darf man hinter dieser Initiative nicht die Bereitstellung zusätzlicher finanzieller Förderungsmittel oder sonstiger wirtschaftspolitischer Flankierungen vermuten; sie ist im wesentlichen als ein Appell an die Wirtschaft gedacht, dem größten Markt Asiens mehr Bedeutung beizumessen.

Wenn man sich den japanischen Markt erschlossen hat, also „in der Gruppe ist", dann sind die Geschäftsaussichten durchaus günstig. Man kann sich auf die „Treue" und Zuverlässigkeit der japanischen Geschäftspartner verlassen, und zudem ist das Preisniveau in Japan hoch. Allerdings ist es für einen KMU objektiv gesehen schwer, in den Markt hineinzukommen. Er benötigt nicht nur die erwähnten guten Empfehlungen, sondern er muß auch ein exzellentes Produkt haben. Der japanische Kunde ist sehr anspruchsvoll und erwartet beste Qualität, wofür er auch einen hohen Preis zu zahlen bereit ist. Zudem legt er auf einen einwandfreien „after sales service" Wert. Man sollte schon eine zuverlässige Marktanalyse haben, um beurteilen zu können, ob das eigene Produkt eine Chance hat.

Zweifellos befinden sich die japanische Wirtschaft und Gesellschaft in einer Anpassungs- oder Umbruchphase. Die japanische Gesellschaft muß sich mit dem Problem der Überalterung auseinandersetzen, zudem gewinnen Freizeit und Urlaub immer mehr an Bedeutung. In diesen Bereichen entstehen also neue Märkte bzw. wächst das Marktvolumen. Im Vergleich zu westlichen Industriestaaten hat Japan trotz aller Bemühungen in den letzten Jahren einen gewissen Nachholbedarf im Bereich des Umweltschutzes; das zeigt die zunehmende Zahl von internationalen Umweltmessen. Auch auf diesem Sektor gibt es also gute Chancen für kleine und mittlere Unternehmen. Auch die Lebens- und Eßgewohnheiten sind einem ständigen Wandel unterworfen; das Interesse an ausländischen Möbeln, Einrichtungsgegenständen und Nahrungsmitteln nimmt ständig zu.

In den letzten Jahren weisen die deutschen Exporte nach Japan deutliche Zuwachsraten auf; das ist ein Indiz dafür, daß einerseits der Markt weniger verschlossen ist als bisher vermutet wurde und andererseits eine gute Vorbereitung zum Erfolg führen kann. Im Bereich der Zusammenarbeit z.B. durch Gründung von Unternehmen hat die deutsche Wirtschaft allerdings noch einen deutlichen Nachholbedarf. Hierfür sind allerdings weniger Marktzugangshemmnisse verantwortlich, sondern für die mittelständische Wirtschaft wohl in erster Linie das hohe Preis- und Kostenniveau. Japan ist trotz der deutlich gefallenen Grundstückspreise seit dem Beginn der Rezession nach wie vor ein teurer Standort.

Südkorea

Südkorea gehört mit Hongkong, Singapur und Taiwan zu der Gruppe der „newly industrialized countries (NICs)", die mit einer rasanten wirtschaftlichen Entwicklung und bemerkenswerten Exporterfolgen im Westen als „die vier kleinen Tiger" Aufmerksamkeit erregten und Neugier weckten. Alle vier Staaten verfolgten, wie im übrigen dann auch die nächsten „Tiger", eine ähnliche Strategie, die aus einer massiven Exportförderungspolitik und einer selektiven Kapitalliberalisierung zur Substitution von Importen bestand. Südkorea wird allgemein als der verschlossenste der „vier Tiger" bezeichnet, insbesondere weil die Liberalisierung der Kapitalimporte und Direktinvestitionen aus dem Ausland deutlich restriktiver als in den drei anderen Staaten gehandhabt wurde. Außerdem gibt es noch immer zahlreiche Handelsbarrieren und administrative Marktzugangsbeschränkungen, die erst kürzlich wieder in einem Positionspapier der Deutsch-Koreanischen Industrie- und Handelskammer zusammengestellt wurden. Für den mittelständischen Unternehmer ist es daher nicht einfach, auf dem koreanischen Markt Fuß zu fassen. Ein wesentlicher Grund ist die Tatsache, daß in Südkorea die duale Wirtschaftsstruktur, d.h. wenige große und international wettbewerbsfähige Unternehmen auf der einen Seite und viele weniger leistungsfähige Kleinbetriebe auf der anderen Seite, noch deutlicher ausgeprägt ist als in Japan. In etwa vergleichbar zu den japanischen „keiretsu" beherrschen den koreanischen Markt und auch das Auslandsgeschäft die „chaebols", deren wirtschaftliche Entwicklung vom Staat auf verschiedenen Wegen massiv gefördert wird. Dafür zeigen sich diese Firmenkonglomerate, wie z.B. Daewoo und Samsung, durch großzügige Spenden an die Regierungsparteien erkenntlich. Bei dieser einseitigen Industriepolitik blieb der Mittelstand bisher auf der Strecke; eine Mittelstandspolitik, die z.B. durch öffentliche Finanzierungsprogramme den Aufbau leistungsfähiger und international wettbewerbsfähiger KMU fördert, steckt noch in den Anfängen.

Wer als mittelständisches Unternehmen mit einem der „chaebols" ins Geschäft kommen möchte, sollte auf einen fachmännischen Rat nicht verzichten; ahnungslos kann man sich zu leicht in den Netzwerken von Großindustrie und Politik verfangen. Die Deutsch-Koreanische Handelskammer in Seoul sollte daher eine der ersten Anlaufstellen sein; mit ihrem langjährig in Korea ansässigen Geschäftsführer hat sie einen intimen Kenner der koreanischen Wirtschaft an der Spitze. Ebenfalls ist ein Gespräch mit einem der in Asien tätigen deutschen Handelshäuser, die meistens auch in Südkorea vertreten sind, empfehlenswert. Bei der Suche nach einem mittelständischen koreanischen Partner kann der Verband der mittelständischen Unternehmen (Small and Medium Industry Promotion Corporation), der in Frankfurt eine Außenstelle hat, ein erster Ansprechpartner sein. Vergleichbar zu der JETRO in Japan gibt es in Südkorea die KOTRA, die koreanische Handelsförderungsstelle, die auch mit drei Außenstellen in Deutschland vertreten ist. Allerdings ist ihre primäre Aufgabe die Förderung koreanischer Exporte.

Ein Indiz für die noch unvollkommene Marktöffnungspolitik der koreanischen Regierung ist das importfeindliche Klima, das in jüngerer Zeit als Folge öffentlicher Sparkampagnen erzeugt wurde. Erst massive internationale Proteste haben die koreanische Regierung zu der Erklärung veranlaßt, daß sie nicht Initiator dieser Kampagne sei. Zur Betonung ihrer Marktöffnungspolitik hat sie im Frühjahr 1997 einen „Kummerkasten" für ausländische Unternehmer eingerichtet. Das ist ein Ombudsmann im koreanischen Ministerium für Handel, Industrie und Energie, der als Anlaufstelle für Zugangsprobleme aller Art fungiert. Die Kontaktadresse ist „Trade and Investment Facilitation Office for Foreign Companies" im Ministry of Trade, Industry und Energy (MOTIE).

Der an einer langfristigen Kooperation interessierte KMU sollte beachten, daß Südkorea schon seit einiger Zeit kein kostengünstiger Standort mehr ist. Das seit Jahren bemerkenswert hohe wirtschaftliche Wachstum, das z.B. 1995 real 9 % betrug, und der wachsende Wohlstand, das Pro-Kopf-Einkommen liegt über 10.000 Dollar, haben Preise, Kosten und Löhne deutlich steigen lassen. Die koreanische Wirtschaft ist daher in letzter Zeit auch in einige Schwierigkeiten hineingekommen, zumal sie bei etlichen Produktgruppen in direkter Konkurrenz zu Japan steht, aber hier und da noch Qualitätsrückstände akzeptieren muß. Die koreanische Wirtschaft steht daher vor der Notwendigkeit, ihre Wirtschaft deutlich umzustrukturieren, und das heißt auch, daß sie der Entwicklung einer international wettbewerbsfähigen mittelständischen Wirtschaft mehr Beachtung schenken muß. Hier können sich also durchaus zusätzliche Chancen für deutsche KMU auftun, z.B. bei der Herstellung qualitativ höherwertiger und innovativer Produkte und arbeitssparender Verfahren. Auch das wachsende Umweltbewußtsein bietet vielfältige Kooperationsmöglichkeiten. Abschließend sei erwähnt, daß es seit längerem Planungen für ein „Deutsches Haus" in Seoul gibt, die Realisierung allerdings nur zögerlich vorankommt. Das von der Deutsch-Koreanischen Industrie- und Handelskammer kürzlich eröffnete „German Office" wurde bereits an anderer Stelle erwähnt.

Die *Volksrepublik China* findet seit der wirtschaftlichen Öffnung mit Beginn der 80er Jahre bei Unternehmen aus aller Welt ein unvermindertes Interesse. Das pragmatische Konzept einer „sozialistischen Marktwirtschaft" hat der chinesischen Wirtschaft Wachstumsraten von immer noch etwa 9 % ermöglicht und damit ausländischen Unternehmen ein ungeheures Geschäfts- und Auftragspotential eröffnet. Mitte der 80er Jahre begann nahezu ein „run" der Bundesländer nach China, um sich dort ihren „claim" abzustecken.

China

In den vergangenen gut 10 Jahren hat sich die Situation in China deutlich verändert. Der Erfolg der pragmatischen Wirtschaftspolitik hat zu deutlichen regionalen Entwicklungsunterschieden geführt. An der Küste sind vom Norden bis in den tiefen Süden zahlreiche Wirtschaftssonderzonen entstanden, in denen ausländische Unternehmen auf der Grundlage verschiedener Vergünstigungen finanzieller und nicht finanzieller Art hervorragende Geschäfts- und Investitionsmöglichkeiten fanden. Das Landesinnere geriet entsprechend in einen zunehmenden Entwicklungsrückstand, den die Regierung noch nicht durch eine regionale Wirtschaftspolitik auffangen konnte. In den erfolgreichen Küstenprovinzen wuchs das wirtschaftliche und politische Selbstverständnis, das teils akzeptiert und teils als Folge pragmatischer Verhaltensweisen zu einer gewissen Abkoppelung einiger Provinzen von dem Weisungsrecht der Zentralregierung in Beijing führte. Die beabsichtigte und auch teilweise eingeleitete Privatisierung der Staatsunternehmen machte das bisher gültige Prinzip der „eisernen Reisschüssel" hinfällig, nach dem die Betriebe für das wirtschaftliche und soziale Wohlergehen der Arbeitnehmer verantwortlich waren. Wenn die Privatisierung zumindest aus westlicher Sichtweise nicht so wie erwartet vorangekommen ist, dann findet das eine Erklärung in der Tatsache, daß aus verständlichen Gründen die Parteikader ihren bestimmenden Einfluß auf die staatlichen Unternehmen nicht aufgeben wollten. Im Ergebnis arbeiten noch immer etwa 50 % der Staatsunternehmen mit Verlusten und absorbieren damit einen erheblichen Teil der öffentlichen Finanzierungsmittel, die dann dem Aufbau einer Privatwirtschaft fehlen. Erhebliche soziale Spannungen waren unausbleiblich; sie entluden sich teilweise in einem ungezügelten Drang nach

Unabhängigkeit und Selbständigkeit, der zur Gründung einer Flut von Klein- und Kleinstbetrieben führte. Bekannte Auswüchse einer derartigen „reinen" Marktwirtschaft sind die wirtschaftlichen Aktivitäten der „Roten Armee", die zur Aufbesserung ihres kärglichen Solds Handel und Dienstleistungen und sogar Produktionsbetriebe betreibt.

Von Anfang an machte China ausländischen Interessenten klar, daß es zum Ausbau einer leistungsfähigen Infrastruktur und moderner Produktionskapazitäten vom Ausland in erster Linie Kapital und Technologie erwartete. Damit waren die bevorzugten Partner international tätige Großunternehmen, Anlagenbauer und sonstige Großinvestoren. Der ausländische Mittelstand, der lediglich durch Exporte einen Teil des wachsenden Wohlstands und Marktpotentials für sich abzweigen wollte, war ein weniger willkommener Geschäftspartner. Die anfängliche Euphorie der mittelständischen Wirtschaft wandelte sich daher bald in eine Ernüchterung, die durchaus in Enttäuschung und Resignation umschlagen konnte, wenn sich ein wenig erfahrener KMU im Dschungel von Partei, Bürokratie und undurchschaubarer Gesetzgebung, gepaart mit einer vielleicht überraschenden „cleverness" der chinesischen Geschäftsleute, hoffnungslos verirrt hatte. Wer sich also als mittelständischer Neuling auf den chinesischen Markt begibt, sollte seine „Tugenden" sehr sorgfältig überprüfen. Geduld, Ausdauer und Hartnäckigkeit werden auf eine harte Probe gestellt. Man muß damit rechnen, daß schon zu Beginn der Gespräche nach der Gründung eines Gemeinschaftsunternehmens, eines „joint ventures" gefragt wird, man wird feststellen, daß häufig die Partei sichtbar oder unsichtbar „am Verhandlungstisch sitzt", und schließlich muß man Erfahrungen sammeln, wie mühsam der Weg durch die chinesische Bürokratie sein kann; bei diesen Gesprächen wird man sich fast stets freundlich lächelnden Chinesen gegenübersehen, die Ungeduld als „Gesichtsverlust" registrieren und das als Disqualifizierung ihres Gesprächspartners werten.

In China gibt es noch keine Auslandshandelskammer; offizielle deutsche Ansprechpartner sind daher die deutsche Botschaft in Beijing mit ihrer Handelsförderungsstelle und das deutsche Generalkonsulat in Shanghai und außerdem die beiden Delegierten der Deutschen Wirtschaft in Beijing und Shanghai. In Shanghai gibt es außerdem als bayerische Initiative ein „Haus der Deutschen Wirtschaft", in der Planung ist ein „Deutsches Haus" in Beijing, nach dem Vorbild Singapur.

Abschließend kann man sagen, daß China auch für die Zukunft ein interessanter Markt sein wird. In der chinesischen Regierung wächst die Erkenntnis, daß sie sich verstärkt um die mittelständische Wirtschaft bemühen muß, und zwar sowohl um den eigenen Mittelstand als auch um mittelständische Geschäftspartner aus dem Ausland. Ein Indiz dafür ist auch die erste deutsch-chinesische Mittelstandskonferenz, die im September 1996 in Beijing mit gutem Erfolg stattgefunden hat. KMU sollten allerdings nicht den Eindruck haben, daß ihre Geschäftsanbahnung zwangsläufig in der Zentrale in Beijing beginnen muß, häufig sind die Geschäftsaussichten günstiger und die Wege kürzer in den Küstenprovinzen von Liaoning im Norden bis zur Insel Hainan im Süden.

Seit dem 1.7.1997 gehört *Hongkong* wieder zur Volksrepublik China, und nach den emotionalen Hoffnungen und Befürchtungen vor dem Übergang scheint zumindest äußerlich wieder Ruhe eingekehrt zu sein. Auch die früher vielfach befürchtete Abwanderung ausländischer Firmen nach Singapur ist praktisch nicht eingetreten. Abgesehen von der politischen Zugehörigkeit zu Großbritannien und der britischen Verwaltung waren Hongkong und das südliche China schon vorher eine wirtschaftliche Einheit. Chinesische Großunternehmen und Investoren hatten sich schon lange vorher in Hongkong fest etabliert, und zahlreiche Unternehmen aus Hongkong hatten ihre Produktion in die benachbarte Provinz Guangdong und in die unmittelbar an Hongkong angrenzende Wirtschaftssonderzone Shenzhen ausgelagert. Zudem wurde ein erheblicher Teil des chinesischen Außenhandels über den Hafen von Hongkong abgewickelt, und auch die Republik China, also Taiwan, kanalisierte ihre wirtschaftlichen Interessen in China über Hongkong. An diesen Verflechtungen wird sich auch in der Zukunft wohl wenig ändern; die Staatsgrenze zwischen Shenzhen und Hongkong wird auch in Zukunft, wenn auch jetzt als innerchinesische Grenze, bestehen bleiben, und auch Taiwan wird seine Wege nach China über Hongkong in irgendeiner Weise offenhalten.

Die Geschäftsbeziehungen mit Hongkong laufen allerdings nach anderen Grundmustern ab als in China oder in anderen südostasiatischen Staaten. Schon immer war Hongkong dafür bekannt, daß hier das „Geld regiert" und

Hongkong

der angestrebte geschäftliche Erfolg das zentrale Motiv für Kontakte war; das so häufig genannte freundschaftliche Verhältnis, das in Asien so wichtig für den Geschäftserfolg ist, hat für Hongkong nur eine untergeordnete Bedeutung. Daher ist es für den deutschen Unternehmer auch vergleichsweise einfach, Kontakte anzuknüpfen und zu Abschlüssen zu kommen, denn er trifft hier auf eine ihm zumindest im Grundsatz vertraute Atmosphäre. Wenn er beabsichtigt, von Hongkong den chinesischen Markt zu bearbeiten, findet er hier vielerlei Anknüpfungspunkte, sollte allerdings nicht aus den Augen verlieren, daß der „Festlandchinese" als sein potentieller Partner andersdenkend verhandelt als der „Hongkongchinese".

Die deutschen Ansprechpartner in Hongkong sind das deutsche Generalkonsulat und der Delegierte der Deutschen Wirtschaft, der übrigens auch für Vietnam und jetzt für Südchina zuständig ist; außerdem sind zahlreiche deutsche Handelshäuser in Hongkong vertreten. Der lokale Partner für erste Kontaktanknüpfungen ist der Hongkong Trade Development Council (HKTDC), das ist eine halbstaatliche Organisation zur Förderung und zum Ausbau der Handelsbeziehungen zwischen Hongkong und dem Rest der Welt; er hat übrigens 10 Vertretungen in China. Außerdem verfügt der HKTDC über eine Außenstelle in Frankfurt, so daß man bereits hier „zu Hause" Gesprächspartner suchen und Termine vereinbaren kann.

Taiwan

Taiwan ist einer der vier „kleinen Tiger", der sich durch die konsequente Anwendung einer Politik der Exportdiversifizierung, Importsubstitution und Kapitalliberalisierung zu einer dynamischen Volkswirtschaft mit wachsendem Wohlstand entwickelt hat; die Zuwachsraten des Bruttosozialprodukts erreichten in den letzten Jahren durchschnittlich etwa 7 %, und das Pro-Kopf-Einkommen liegt inzwischen bei etwa 13.000 $. Seit kurzem hat Taiwan ein demokratisches System aufgrund freier Wahlen. Nach chinesischer offizieller Sprachregelung ist Taiwan nach wie vor eine chinesische Provinz, die wieder voll in den chinesischen Staat eingegliedert werden soll, notfalls auch mit Waffengewalt, wie hin und wieder von der chinesischen Regierung drohend zu hören ist. Nach der Rückgliederung Hongkongs hat dieses Thema wieder eine gewisse Aktualität erhalten, auch wenn es aus Beijing keine Hinweise auf eine etwaige Initiative gibt. In Taipei, der Hauptstadt von Taiwan, gibt man sich gelassen und selbstbewußt, auch wenn die hin und wieder aufflackernde Diskussion einer Unabhängigkeitserklärung gegenwärtig keine neuen Anstöße erhalten hat.

Taiwan ist ein sehr offener Markt, auf dem ausländische Unternehmen und Investoren willkommen sind. Da sich die taiwanesische Wirtschaftsstruktur praktisch erst nach dem Ende des zweiten Weltkrieges formiert hat, gibt es hier nicht die aus Japan und Südkorea bekannten Unternehmenskonglomerate; die Wirtschaft weist eher eine mittelständische Struktur auf und ist im Ausland wenig durch Markennamen mit internationalem Ruf bekannt. Auch die vielfach zitierte asiatische Geschäftsmentalität ist in Taiwan weniger ausgeprägt, so daß hier schon eine offenere Sprache möglich ist, zumal viele Geschäftsleute ihr „Handwerk" in den USA gelernt haben.

Taiwan leidet ein wenig darunter, daß der Binnenmarkt mit etwa 20 Mio. Einwohnern nicht groß ist. Daher wirbt die taiwanesische Regierung um ausländische Investoren mit dem Angebot, den Standort Taiwan als „regional operation center" zu wählen und von dort den südostasiatischen Raum zu erschließen. Taiwan unterstützt diese Idee z.B. durch Errichtung von Forschungsparks mit vergünstigten Konditionen, einer Wirtschaftssonderzone und mit einer vereinfachten Genehmigungspraxis für ausländische Investitionen, zumal Singapur für die südostasiatische Region einen vergleichbaren Anspruch erhebt und politisch und auch geographisch in einer besseren Lage ist. Außerdem konnte nicht überzeugend belegt werden, daß es von Taiwan auch möglich ist, wie von Hongkong den chinesischen Markt zu bearbeiten; nach der Wiedereingliederung Hongkongs ist dieses Argument wahrscheinlich noch weniger tragfähig. Für mittelständische Unternehmen kann Taiwan durchaus ein interessanter regionaler Markt sein. Da bekanntlich die Bundesrepublik Deutschland und die Republik China keine diplomatischen Beziehungen miteinander haben, gibt es in Taipei keine deutsche Botschaft. Anlaufstelle für deutsche Unternehmen in Taiwan ist das Deutsche Wirtschaftsbüro Taipei, das zumindest indirekt auch deutsche politische Interessen vertritt. Der China External Trade Development Council (CETRA) ist eine halböffentliche Institution zur Förderung des Außenhandels und bietet ausländischen Unternehmen verschiedene Hilfestellungen bei der Anknüpfung von Kontakten und Suche von Geschäftspartnern. Der CETRA ist in Taipei zusammen mit dem Taipei World Trade Center untergebracht, in dem es nicht nur eine ständige Ausstellung taiwanesischer Exportprodukte gibt, sondern das auch das Taipei Messezentrum umfaßt. CETRA ist auch in Deutschland vertreten und dient zusammen mit den inoffiziellen Vertretungen Taiwans, den Wirtschafts- und Kulturbüros, als erste Anlaufstelle.

Philippinen

Die *Philippinen* sind Gründungsmitglied der ASEAN, der Association of South East Asian Nations, die vor 30 Jahren im Jahre 1967 als erster regionaler Zusammenschluß mit dem Ziel einer gemeinsamen wirtschaftlichen Entwicklung gegründet wurde; weitere Gründungsmitglieder waren Indonesien, Malaysia, Singapur, Brunei und Thailand. Vietnam wurde im Jahre 1995 aufgenommen, und 1997 kamen Laos und Myanmar hinzu; die 1997 ebenfalls vorgesehene Aufnahme von Kambodscha wurde wegen der politischen Wirren einstweilen ausgesetzt. Die Philippinen waren jahrelang das schwächste Glied im ASEAN-Verbund; in der Zeit unter dem Diktator Marcos war eine konzeptionelle, mittelfristig orientierte Wirtschaftspolitik weder möglich noch gewollt. Erst seit dem Amtsantritt von Präsident Fidel Ramos Mitte 1992 fanden die Philippinen Anschluß an den allgemeinen Wachstumstrend in Südostasien, eine Folge der konsequenten Liberalisierungpolitik der philippinischen Regierung. Begünstigt und teilweise auch erzwungen wurde diese Politik durch den Abzug der amerikanischen Truppen aus der Subic Bay, die größte amerikanische Truppenbasis in Asien. Direkt und indirekt brachte dieser Stützpunkt natürlich viel Kapital und damit verbunden auch Arbeit auf die Philippinen, und der Abzug hinterließ eine große Lücke.

Die philippinische Regierung bemüht sich sehr, ausländische Geschäftspartner für das Land und den Markt zu interessieren und ausländisches Kapital anzuziehen, allerdings ist die Markterschließung nicht gerade einfach, denn es fehlen doch noch einige Voraussetzungen. Die philippinische Wirtschaft ist im Westen noch weitgehend unbekannt, es gibt so gut wie keine großen und international erfahrenen Unternehmen, und auch die mittelständische Wirtschaft ist noch ungeübt im Umgang mit ausländischen Partnern. Auch die oben erwähnte Beteiligung an internationalen Messen als ein grundsätzlich sehr empfehlenswerter Weg zur Markterschließung ist auf den Philippinen nur bedingt gangbar. Im Gegensatz natürlich zu Japan, aber auch zu China und selbstverständlich Hongkong gibt es in

Manila, dem wichtigsten Anlaufpunkt, nur wenige Messen mit internationalem Niveau. Die deutschen Messedurchführungsgesellschaften, die in den letzten Jahren verstärkt mit eigenen Veranstaltungen oder gemeinsam mit einem lokalen Partner Messen in asiatischen Hauptstädten durchführen, haben bisher den Messemarkt Manila noch nicht erschlossen. Daher ist das Messewesen auf den Philippinen nicht nur noch unterentwickelt, sondern folgt nationalen organisatorischen Spielregeln, mit denen sich ein Aussteller erst vertraut machen muß. Zudem findet man noch wenig Ansprechpartner, mit denen gemeinsam eine Markterschließung vorbereitet werden kann. Bisher gibt es keine deutsche Auslandshandelskammer, sondern die „Europäische Handelskammer der Philippinen", die allerdings einen deutschen Geschäftsführer hat.

Nationale Anlaufstelle insbesondere für ausländische Investoren ist das „Board of Investment", das als eine nachgeordnete Behörde des Handels- und Industrieministeriums für die Genehmigung und Förderung von Investitionen zuständig ist. Zentrales Ansiedlungsargument sind die besonderen Förderungsbedingungen, die ausländische Unternehmen in den Sonderwirtschaftszonen erhalten, von denen die beiden ehemaligen US-Militärbasen Subic Bay und Clark wohl die wichtigsten sind. Insgesamt gibt es 19 Wirtschaftssonderzonen. Die philippinische Regierung wirbt im Ausland durch die „Philippine Trade and Investment Centers" (PTIC), die mit zwei Außenstellen in Deutschland vertreten sind. Erwähnt werden sollte noch, daß die Europäische Union ihr erstes EBIC in Asien in Manila errichtet hat; die Asiatische Entwicklungsbank, an der die Bundesregierung kapitalmäßig beteiligt ist, hat ihren Hauptsitz in Manila.

Unter diesen dargestellten Gesichtspunkten ist für den Asienneuling der philippinische Markt nicht gerade einfach zu erschließen. Andererseits fallen einige für Asien immer wieder erwähnte Besonderheiten auf den Philippinen weniger ins Gewicht. Die Philippinen sind ein christliches Land, so daß die Geschäftsgepflogenheiten weniger aus dem Konfuzianismus entstammen; zudem hat die langjährige amerikanische Anwesenheit die Denkweisen nicht nur westlich beeinflußt, sondern auch dazu beigetragen, daß die englische Sprache ein weit verbreitetes Kommunikationsmitel ist.

Die Philippinen sind Partnerland auf der Hannover Messe 1998.

Indonesien

Indonesien, das viertgrößte Land der Erde, hat in den vergangenen 20 Jahren eine ähnliche dynamische wirtschaftliche Entwicklung erlebt wie z.B. Taiwan und Südkorea, und zwar nach dem gleichen Muster der Exportförderung, Importsubstitution und Kapitalliberalisierung. Die etwa 190 Mio. Einwohner, die Mehrheit davon übrigens Moslems, verteilt sich auf etwa 3.000 bewohnte Inseln. Wirtschaftlicher Schwerpunkt ist die Insel Java, auf die zwar nur 7 % der Gesamtfläche Indonesiens entfallen, auf der allerdings etwa 110 Mio. Einwohner leben. In jüngerer Zeit entwickeln sich allerdings auch einige Küstenregionen der Insel Sumatra zu wirtschaftlichen Ballungszentren. Auch in Indonesien wird ein erheblicher Teil der wirtschaftlichen Aktivität durch Unternehmenskonglomerate bestimmt; etwa 200 derartige Gruppierungen erstellen ein gutes Drittel des indonesischen Bruttosozialproduktes. Die Besonderheit dieser Konglomerate im Vergleich zu der Situation in Japan und Südkorea ist allerdings, daß viele dieser Unternehmen in einem mehr oder weniger engen verwandtschaftlichen Verhältnis zum Staaspräsidenten Suharto stehen. Das bedeutet, daß diese Unternehmen gleichsam wirtschaftlichen und politischen Schutz genießen, während die mittelständische Wirtschaft deutlich vernachlässigt wird. Nach dem Staatsgründer Präsident Sukarno ist Suharto erst der zweite Präsident, der Garant für den wirtschaftlichen Aufschwung und für die politische Stabilität war. Im Jahre 1998 sind Präsidentschaftswahlen, bei denen sich Suharto trotz seines fortgeschrittenen Alters von 75 Jahren zur Wiederwahl stellen will. Wiederholte blutige Unruhen und Ausschreitungen in der letzten Zeit machen deutlich, daß einige Kreise aus der gebildeten Bevölkerung mit der politischen Führung und dem gesellschaftlichen System nicht mehr einverstanden sind und auf Reformen drängen. So kann die Präsidentschaftswahl durchaus zu einem Prüfstein werden, ob mit der Aufrechterhaltung der politischen Stabilität auch die gute wirtschaftliche Entwicklung fortgesetzt werden kann.

Dennoch bietet die indonesische Wirtschaft für deutsche Unternehmen auch aus dem Mittelstand zahlreiche interessante Geschäfts- und Kooperationsmöglichkeiten. Indonesien ist an einer Zusammenarbeit mit Deutschland sehr interessiert, zumal zahlreiche indonesische Fach- und Führungskräfte ihre Ausbildung in Deutschland erhalten oder vervollständigt haben. Die Kristallisationsfigur für die guten Beziehungen zwischen Deutschland und Indonesien ist der Forschungs- und Technologieminister Prof. Habibie, der in Deutschland studiert und auch gearbeitet hat. Er ist allerdings auch der prominente Kritiker der deutschen Unternehmer, die nach seiner Meinung die guten wirtschaftlichen und auch persönlichen Beziehungen nicht ausreichend durch ein verstärktes Engagement in Indonesien zu nutzen wissen. Man muß wohl feststellen, daß ein deutsches Unternehmen, das ein größeres Technologieprojekt in Indonesien durchführen möchte, ohne die Unterstützung von Habibie nicht erfolgreich sein wird; er spricht natürlich fließend deutsch und hat übrigens einen deutschen persönlichen Berater. Die zahlreichen Rückkehrervereinigungen ehemaliger indonesischer Studenten in Deutschland, die schon an anderer Stelle erwähnt worden sind, bieten viele Möglichkeiten, sich über Wege und auch Schwierigkeiten der Markterschließung, der Partnersuche und des Umgangs mit der nicht immer einfachen Bürokratie zu informieren. Da viele dieser „Alumni" hervorgehobene Positionen in Wirtschaft, Verwaltung und Politik und Gesellschaft erreicht haben, sind sie ein gutes Informationsnetzwerk, das man sich im konkreten Einzelfall nutzbar machen sollte.

Eine zentrale Anlaufstelle insbesondere für Neulinge auf dem indonesischen Markt ist neben der Handelsabteilung der deutschen Botschaft die Deutsch-Indonesische Handelskammer in Jakarta, besser unter der indonesischen Abkürzung EKONID bekannt. Dort findet man ein junges Team engagierter Mitarbeiter, das von einem Geschäftsführer mit langjähriger Landeserfahrung und familiären Bindungen an Indonesien geleitet wird. Natürlich sind auch die wichtigsten deutschen Großbanken in Indonesien vertreten. Erste Ansprechpartner in Deutschland sind die indonesische Botschaft und die Generalkonsulate, außerdem gibt es in Hamburg das „Indonesian Trade Promotion Center" (ITPC).

Die deutschen Bemühungen um den Handelspartner Indonesien finden in mehreren neuen Projekten ihren konkreten Niederschlag; im Großraum Jakarta, in der Satellitenstadt Bumi Serpong Damai, entsteht ein „Deutsches Zentrum"; dazu gehörten ein „Deutsches Haus", das in der zweiten Jahreshälfte 1998 bezugsfertig sein soll, ein Gewerbepark, ein Ausbildungszentrum und eine deutsche Schule. Unternehmen mit einem längerfristigen Kooperations- oder vielleicht auch Produktionsinteresse in Indonesien sollten sich umgehend über die dort gebotenen Möglichkeiten informieren; Reservierungen für das „Deutsche

Haus" und für den Gewerbepark werden bereits entgegengenommen; etliche Flächen sind auch schon vergeben.

Abschließend sollte noch erwähnt werden, daß sich Jakarta zu einem internationalen Messeplatz entwickelt, der allerdings in harter Konkurrenz zu dem benachbarten Singapur steht. Besonders die großen Industriemessen zeichnen sich durch beträchtliche Besucherzahlen aus, und das starke Interesse der indonesischen Unternehmen an westlicher Technologie findet in der Regel in einer lebhaften Kommunikation ihren Ausdruck. Die Megalopolis Jakarta mit einer nicht genau bekannten Einwohnerzahl zwischen 12 und 15 Mio. Menschen macht einen besonderen Aspekt der Probleme dieses Ballungszentrum deutlich. Verkehrsprobleme, Umweltverschmutzung, Abfallbeseitigung, Trinkwasserversorgung, medizinische Versorgung und ähnliches mehr sind die Problemfelder, in denen Kooperation mit ausländischen Partnern gewünscht wird. Andererseits ist Indonesien ein Inselstaat, der sich von Westen nach Osten etwa 5.000 km und von Norden nach Süden knapp 2.000 km ausdehnt. In den Bereichen Küstenschiffahrt, Navigationsausrüstungen, Hafenausbau und sonstige maritime Technologien gibt es zahlreiche Kooperationsmöglichkeiten. Auf den bewohnten Inseln und an den langen Küsten entstehen kleinere lokale Wirtschaftszentren. Die indonesische Regierung fördert diesen Regionalisierungsprozeß, zumal die kleine Hauptinsel Java mit über 800 Einwohnern pro km^2 an die Grenzen ihrer Aufnahmefähigkeit stößt. So wird z.B. daran gedacht, Ansiedlungen ausländischer Unternehmen nur noch in festgelegten Gewerbeparks zuzulassen, ohne daß diese den Charakter einer Wirtschaftssonderzone mit bevorzugten Konditionen erhalten. Der Industrie- und Technologiepark in Bumi Serpong Damai wird voraussichtlich die letzte Möglichkeit für Industrieansiedlungen im westlichen Java sein. Der Aufbau von regionalen Wirtschaftszentren abseits der Ballungsregionen bringt zusätzliche Problemstellungen mit sich, wie z.B. eine ausreichende Energieversorgung. Da Sonne in dieser Region am Äquator immer und Wind zwar auch, wenn auch nicht regelmäßig, vorhanden sind, haben kombinierte alternative und autarke Energieversorgungssysteme gute Absatzchancen. Die indonesische Regierung hat hierfür bereits längerfristige Entwicklungspläne erarbeitet. Auch mittelständische Unternehmen haben in diesen ballungsfernen Wirtschaftsregionen gute Geschäftsmöglichkeiten, allerdings nur dann, wenn es ihnen gelingt, gute

Verbindungen zu den staatlichen Stellen und Ministerien aufzubauen, die diese Planungen fest in der Hand haben. Zentrale indonesische Anlaufstellen für Investoren sind das Investment Coordinating Board (BKPM) und das Technologieministerium von Prof. Habibie.

Der *Stadtstaat Singapur* ist mit etwa drei Mio. Einwohnern der kleinste der vier „kleinen Tiger", mit einem Pro-Kopf-Einkommen von über 30.000 $ allerdings der leistungsfähigste. In den etwa 35 Jahren seiner Selbständigkeit hat sich Singapur zu einem modernen und international wettbewerbsfähigen Handels- und Dienstleistungszentrum entwickelt. Der erste Premierminister der Republik Singapur Lee Kuan Yew hat den Staat bis 1990 mit starker Hand regiert, wobei für ihn die Entwicklung eines nationalen Selbstbewußtseins in dem Vielvölkerstaat eine zentrale Aufgabe war. Lee Kuan Yew hat sich auch international einen Namen gemacht als Vorkämpfer für wirtschaftliche und politische Unabhängigkeit und für ein erwachendes asiatisches Selbstverständnis und Selbstbewußtsein. Er hat als erster in eindeutigen Formulierungen den Westen davor gewarnt, das Demokratieverständnis und die Interpretation der Menschenrechte in Asien zu kritisieren. Wenn im Westen Singapur gelegentlich auch als „Polizeistaat" bezeichnet wird, dann ist das eine Umschreibung für das Bestreben von Lee Kuan Yew, die Bevölkerung Singapurs zu einem fleißigen, ehrlichen und sauberen Volk zu erziehen; daher spricht man manchmal auch von einer „Erziehungsdemokratie" in Singapur. Einige spektakuläre Verbote werden in deutschen Medien hin und wieder gerne zitiert, so z.B. das Verbot, ausländisches Fernsehen zu empfangen, das weit verbreitete Rauchverbot in der Öffentlichkeit bzw. das Verbot, Zigarettenstummel auf die Straße zu werfen und das Verbot, Kaugummi zu kauen bzw. auf die Straße zu spucken. Wer erstmalig nach Singapur kommt, insbesondere wenn er z.B. von Jakarta kommt, findet eine hochmoderne Stadt mit nahezu westlichem Stadtbild vor, mit blitzsauberen Straßen, mit grünen Pflanzen und Bäumen, mit einem problemlosen Straßenverkehr ohne Staus und ohne Luftverschmutzung und hochmoderne Kaufhäuser mit einem internationalen Sortiment.

Singapur hat seit Jahren eine konsequente Industrialisierungs- und Entwicklungspolitik betrieben. Das nahezu winzige Staatsgebiet von gerade 640 km^2, kleiner als Hamburg, läßt natürlich nur wenige flächenbeanspruchende

Singapur

Industrieansiedlungen zu. Da Singapur im Sinne der angestrebten nationalen Identität eine restriktive Zuwanderungspolitik betrieben hat, ist zudem das Arbeitskräfteangebot beschränkt. Daher legt Singapur Wert darauf, daß sich möglichst nur kapitalintensive Unternehmen mit modernen Technologien niederlassen; zudem sind Forschungseinrichtungen, Dienstleistungsunternehmen, Banken und die Asienvertretungen großer Firmen willkommen. Natürlich hat Singapur einen sehr leistungsfähigen Hafen mit Schiffbau und Reparaturgeschäft; außerdem hat sich dort als wichtiges industrielles Rückgrat die Mineralölverarbeitungsindustrie angesiedelt.

Dennoch kann Singapur auch für mittelständische Unternehmen ein interessanter Standort sein. Sicher lockt nicht der Markt von nur drei Mio. Verbrauchern, sondern die Drehscheibenfunktion, die Singapur für den gesamten südostasiatischen Raum hat. Kuala Lumpur in Malaysia ist nur eine Flugstunde entfernt und mit einem „shuttle service" verbunden, nach Jakarta ist es nur wenig weiter ebenso wie nach Ho Chi Minh City in Vietnam. Zudem gibt es gemeinsame Entwicklungsprojekte mit Malaysia und Indonesien, und auch in anderen Teilen Asiens treten Entwicklungsgesellschaften aus Singapur als Projektmanager auf. Es gibt also eine Vielzahl von Möglichkeiten, zusammen mit singapurischen Unternehmen auf dritten Märkten Asiens zusammenzuarbeiten. Das trifft z.B. auch für die Umweltindustrie zu, die in Singapur mit einer Vielzahl mittelständischer Unternehmen vertreten ist, die als Partner zur Durchführung von Umweltprojekten in Südostasien bereit sind. Zur Nutzung dieses Potentials für europäische Unternehmen hat die Europäische Union gemeinsam mit Singapur das bereits oben erwähnte „Regional Institute of Environmental Technology" (RIET) gegründet.

Für den kontaktsuchenden KMU gibt es eine Reihe guter Ansprechpartner. Neben der deutschen Botschaft ist der Delegierte der Deutschen Wirtschaft eine gute Adresse, der Leiter des Büros hat langjährige Asienerfahrungen und ist erst vor wenigen Jahren vom Deutschen Wirtschaftsbüro Taipei nach Singapur übergesiedelt. Das 1995 eröffnete „Deutsche Haus" bzw. das „Deutsche Industrie- und Handelszentrum" (DIHZ) ist ein Vorzeigeprojekt für ganz Asien und ein hervorragender Stützpunkt, wenn es angesichts der großen Nachfrage gelingt, einen Büroraum anzumieten. Es lohnt sich auch ein Besuch im German-Singapore-Institute (GSI), eine gemeinschaftliche Fortbildungsstätte, in der singapurische Fachkräfte überwiegend an deutschen Maschinen ausgebildet und mit deutscher Technologie vertraut gemacht werden. Außerdem gibt es in Singapur eine deutsche Schule.

Die wichtigste nationale Anlaufstelle insbesondere für Unternehmen mit Investitionsabsichten ist der Singapore Economic Development Board (EDB), die für die Planung, Entwicklung und Förderung von Investitionen zuständige Stelle. Dort trifft man auf kooperative Fachleute in der Regel mit guten Englischkenntnissen wie übrigens nahezu überall in Singapur. Der EDB ist auch in Frankfurt mit einer Außenstelle vertreten; außerdem gibt es in Frankfurt ein Büro des Singapore Trade Development Board.

Singapur ist ein zentraler Messeplatz für die gesamte südostasiatische Region mit einer Vielzahl internationaler Fachmessen. Die Teilnahme an einer dieser Messen bietet gute Möglichkeiten, Gesprächspartner aus allen ASEAN-Ländern zu treffen. Da Singapur weniger eine asiatische Stadt und vielmehr ein internationales Begegnungszentrum ist, fällt auch dem weniger asienerfahrenen Reisenden die Kommunikation nicht schwer. Angesichts der geringen flächenmäßigen Ausdehnung und der guten Verkehrssituation ist es problemlos, Termine zu planen und sie auch einzuhalten.

Der Bundesstaat *Malaysia* besteht aus zwei getrennten Teilen, aus dem südlichen Teil der Halbinsel Malakka und dem nördlichen Teil der Insel Borneo, die im übrigen zu Indonesien gehört. Mit etwa 20 Mio. Einwohnern ist Malaysia einer der kleineren Staaten Südostasiens, aber mit einer beachtlichen wirtschaftlichen Potenz. In den letzten Jahren lagen die Wachstumsraten zwischen 8 und 9 %, das Pro-Kopf-Einkommen liegt gegenwärtig bei etwa 5.000 $.

Malaysia

Malaysia ist ein politisch stabiler Staat; das ist im wesentlichen Dr. Mahathir Mohamad zu verdanken, der seit 1981 Ministerpräsident ist. Mahathir, ein Arzt, hat mit starker Hand und viel Geschick erreicht, daß das zentrale gesellschaftliche Problem Malaysias, nämlich die ethnischen Spannungen zwischen Chinesen und Malaien, weitgehend abgebaut werden konnte. Die Tatsache, daß die zugewanderten chinesischen Staatsbürger Malaysias im wesentlichen das Wirtschaftsleben dominierten, während die „einheimischen" Malaien, die „Bumiputras", die arbeitende Bevölkerung war, hat in der Vergangenheit immer wieder zu Spannungen und Unruhen geführt. Mahathir ist wie Lee Kuan Yew aus Singapur ein engagierter und gelegentlich auch streitlustiger Verfechter eines asiatischen Selbstbewußtsein; von ihm soll der Begriff „Asianismus" stammen, der eine antiwestliche Orientierung mit der Beschreibung der asiatischen Gemeinsamkeiten und Besonderheiten verbindet. Für die wirtschaftliche Entwicklung Malaysias hat „Dr. M", wie er häufig genannt wird, sehr konkrete Vorstellungen, die er konsequent zu realisieren versucht. Nach seiner „Vision 2020" will er Malaysia bis zu diesem Zeitpunkt zu einer den westlichen Volkswirtschaften gleichwertigen Industrienation entwickeln. Seine Strategie ist die „Malaysia Incorporated", d.h. eine enge und partnerschaftliche Zusammenarbeit zwischen Regierung und Wirtschaft. Dieses Konzept, das in ähnlicher Form aus Japan mit der „Japan AG" und aus Südkorea und Indonesien bekannt ist, läßt sich allerdings in Malaysia nicht so leicht praktizieren. Hier fehlen die großen, international tätigen Unternehmen, die in den anderen erwähnten Staaten die natürlichen Partner der Regierung waren oder sind; die Wirtschaftsstruktur wird zum weitaus überwiegenden Teil durch kleine und mittlere Unternehmen bestimmt. Mahathir hat daher erkannt, daß seine Vision nur in Zusammenarbeit mit westlichen Unternehmen, mit westlichem Kapital und westlicher Technologie realisiert werden kann. Daher sind seine kritischen Kommentare in Richtung Westen in letzter Zeit seltener und moderater geworden.

Die geschäftlichen Aussichten für KMU in Malaysia können daher als gut bezeichnet werden; eine stabile politische Situation, gute Wachstumsprognosen, wachsender Wohlstand und eine langfristige Entwicklungsperspektive sind verläßliche Voraussetzungen für eine Markterschließung. Allerdings hat es den Anschein, als ob Malaysia in den Asienstrategien deutscher Unternehmer, mit Ausnahme einiger Großunternehmen, keine hervorgehobene Bedeutung hat. Ein Grund mag der relativ kleine Markt mit etwa 20 Mio. Verbrauchern sein. Für kleine und mittlere Unternehmen sollte das allerdings nicht ausschlaggebend sein, zumal der wachsende Wohlstand vielfältige Geschäftsmöglichkeiten eröffnet. Außerdem sollte nicht übersehen werden, daß die ASEAN-Staaten wirtschaftlich immer stärker zusammenwachsen und bis zum Jahre 2003 eine Freihandelszone „ASEAN Free Trade Area" (AFTA) gründen wollen. Schon jetzt ist ASEAN mit etwa 500 Mio. Einwohnern der drittgrößte Markt mit einer gemeinsamen wirtschaftspolitischen Konzeption, der 1996 ein Bruttosozialprodukt von etwa 675 Mrd. $ erwirtschaftet hat. Einige „Wachstumsdreiecke", in denen mehrere Staaten gemeinsame Entwicklungsprojekte vorantreiben, unterstreichen die ernsthafte Absicht zur Zusammenarbeit. So ist Malaysia mit Singapur und Indonesien und mit Thailand und Indonesien in zwei gemeinsame Entwicklungsvorhaben eingebunden. Das gemeinsame Ziel der „alten" ASEAN-Staaten, den neuen Mitgliedern Vietnam, Laos und Myanmar bei der wirtschaftlichen Entwicklung zu helfen, bietet zusätzliche Möglichkeiten, das Marktpotential über Malaysia hinaus auszudehnen. Bei einem Vergleich der drei Standorte Kuala Lumpur, Singapur und Jakarta z.B. unter den Gesichtspunkten Grundstückspreise, Mieten, Preise und Lebensqualität gibt es durchaus gute Argumente für Kuala Lumpur.

Die geringere Beachtung, die Malaysia bisher in der deutschen Wirtschaft gefunden hat, spiegelt sich auch in dem noch dünnen Netz von Ansprechpartnern wider. Man findet dort die deutsche Botschaft und eine etwas schwach besetzte Deutsch-Malaysische Industrie- und Handelskammer. Auch die deutschen Großbanken sind in Kuala Lumpur noch nicht zahlreich vertreten. Seit wenigen Jahren gibt es ein dem Modell Singapur vergleichbares „German Malaysian Institute", das jetzt seine volle Funktionsfähigkeit erreicht hat. Das GMI soll Hilfestellung bei der Lösung eines der wichtigsten Probleme der malaysischen Wirtschaft leisten, bei der Qualifizierung malaysischer Facharbeiter. Die Aufgabe des stellvertretenden deutschen Leiters des Instituts, der im Herbst 1997 seinen Posten angetreten hat, ist, malaysische Unternehmen für die Fortbildung ihrer Mitarbeiter im GMI zu interessieren. Für die Partnersuche kann daher die Kontaktaufnahme mit dem Institut eine gute Alternative zur Auslandshandelskammer sein.

Die zentrale nationale Anlaufstelle für Unternehmen insbesondere mit Investitionsinteressen ist die „Malaysian Industrial Development Authority" (MIDA); sie ist die staatliche Behörde für die Investitionsförderung und -koordinierung und damit die ausführende Institution für die „Vision 2020". Für einen ausländischen Investor ist die MIDA praktisch der ständige Begleiter von der Planung bis zur Durchführung und Produktion. In Deutschland hat MIDA eine Außenstelle in Köln.

Das Messewesen in Malaysia ist noch in der Entwicklung begriffen. Praktisch einziger Messeplatz ist die Hauptstadt Kuala Lumpur, wo auch einige Messen mit internationaler Beteiligung durchgeführt werden. Diese Messen werden in der Regel von der heimischen Wirtschaft gut besucht, so daß die Gelegenheiten zur Kontaktanbahnung günstig sind.

Der Neuling in Malaysia wird schnell feststellen, daß das Entwicklungsniveau höher ist als es aus der Ferne den Anschein hat. Er wird in der Verwaltung und in der auslandserfahrenen Industrie auf selbstbewußte Gesprächspartner treffen, wobei er in der Verwaltung eher die Malaien und in der Industrie eher die Chinesen findet. Für die sprachliche Kommunikation bedeutet das, daß man in der Regel mit der englischen Sprache zurechtkommt, daß aber durchaus auch die chinesische Sprache, Mandarin, erforderlich sein kann. Bei der Vereinbarung von Unternehmergesprächen sollte man sich also vorher über die gewünschte Verhandlungssprache informieren.

Vietnam

Auf dem 7. Parteitag im Jahr 1991 beschloß die Sozialistische Republik *Vietnam*, das Land und die Wirtschaft für westliche Unternehmen und westliches Kapital zu öffnen. Den endgültigen Startschuß für den Westen gaben die USA, als sie im Februar 1994 das Handelsembargo aufhoben. „Doi moi", was soviel wie „Erneuerung" heißt, lockte zahlreiche Geschäftsleute als Einzelreisende oder in der Regel in Delegationen aus Japan, den USA und Europa ins Land. Vietnam hat seit der Öffnung eine Vielzahl von Reformen angepackt und durchgeführt; so ist z.B. die Landwirtschaft praktisch vollständig privatisiert, und auch in den Bereichen Handel und Dienstleistungen und in der mittelständischen Industrie herrscht Gewerbefreiheit. Lediglich die Privatisierung der etwa 6.000 Staatsbetriebe ist noch nicht recht vorangekommen, was sicher auch damit etwas zu tun hat, daß die Kommunistische Partei Vietnams die Herrschaft über die Großunternehmen nur ungern aus der Hand geben möchte. Als Folge der Liberalisierung strömte ausländisches Kapital ins Land, vorwiegend in Infrastrukturmaßnahmen, denn in diesem Bereich, ob Verkehr, Energie oder Telekommunikation, gab es den größten Nachholbedarf. Die Erfolge der Öffnungspolitik zeigten sich in den wirtschaftlichen Wachstumsraten, die bisher zwischen 8 und 9 % lagen. Vietnam ist aber auch nach der Wiedervereinigung wirtschaftlich ein zweigeteiltes Land; im Süden mit dem Zentrum Ho Chi Minh City, dem früheren Saigon, also im ehemaligen Südvietnam, ist die wirtschaftliche Aufbruchstimmung deutlicher ausgeprägt als im Norden im Umfeld der Hauptstadt Hanoi.

Trotz aller wirtschaftlicher Erfolge sollte man allerdings nicht übersehen, daß sich Vietnam noch auf einem sehr niedrigen Entwicklungsniveau befindet; das Pro-Kopf-Einkommen beträgt etwa 300 $, und etwa die Hälfte der Bevölkerung von 70 Mio. Einwohnern lebt an oder unterhalb der Armutsgrenze. Diese Zahlen deuten auch die Grenzen an, die kleinere und mittlere Unternehmen erkennen müssen, wenn sie eine Erschließung des vietnamesischen Marktes erwägen. Natürlich ist der Bedarf groß und vielfältig, aber es fehlt die Kaufkraft; das gilt noch deutlicher für Konsumgüter als für Investitionsgüter. Vergleichbar zur Situation in China ist daher die vietnamesische Wirtschaft primär an Kapital- und Technologieimporten interessiert, d.h. also an gemeinschaftlichen Unternehmen. Die Importliberalisierung von Auslandskapital ist zwar in Angriff genommen, und die Genehmigungsverfahren sind vereinfacht worden, aber die nicht immer nachvollziehbare Interpretation der gesetzlichen Vorschriften und der Umgang mit der Bürokratie können einem Neuling das Leben schon schwer machen. So ist es nicht erstaunlich, daß nach der anfänglichen Euphorie westlicher Unternehmer eine gewisse Ernüchterung eingetreten ist. Einige Großinvestoren haben daher in der letzten Zeit ihre Vorhaben aufgegeben, und der Zustrom von Auslandskapital ist in jüngster Zeit spürbar zurückgegangen.

Diese Entwicklung macht das besondere Problem Vietnams deutlich. Die politische Führung Vietnams, bestehend aus dem Triumvirat Staatspräsident Le Duc Anh, dem Ministerpräsidenten Vo Van Kiet und dem Generalsekretär der Kommunistischen Partei Do Muoi orientierte sich an dem chinesischen Modell der sozialistischen Marktwirtschaft. Beide Staaten sind zur wirtschaftlichen Entwicklung auf ausländisches Kapital angewiesen und müssen daher Zugeständnisse an ausländische Investoren machen. Während allerdings ausländische Investoren in China bereit sind, angesichts des riesigen Marktes von 1,2 Mrd. Menschen und der vielfältigen Geschäftsmöglichkeiten ihrerseits Kompromisse einzugehen, können bürokratische und gesetzliche Hemmnisse und Fallstricke in Vietnam abschreckende Wirkung haben. Vietnam ist sehr viel deutlicher als China auf das Auslandskapital angewiesen und muß daher vertrauensbildende Signale setzen. Es ist zu hoffen, daß nach den Parlamentswahlen im Juli 1997, die die „alte

Führungsriege" als Anlaß zum Abtreten gewählt hat, diese neuen Zeichen gesetzt werden. Durch die Wahlen des 60 Jahre alten Tran Duc Luong zum Staatspräsidenten und des 63 Jahre alten Phan Van Khai zum Ministerpräsidenten, beide als Wirtschaftsreformer und „Technokraten" bekannt, hat die Nationalversammlung Ende September 1997 zumindest personell die Weichen für die Fortsetzung der Wirtschaftsreformen gestellt.

Der am vietnamesischen Markt interessierte KMU muß sich darauf einstellen, daß er seine geschäftlichen Ziele wohl nur über eine Kooperation erreichen kann. Sofern er seine potentiellen Geschäftspartner nur im Bereich der staatlichen Unternehmen findet, wird er den Kontakt zu dem jeweils zuständigen Ministerium suchen müssen; die frühere VCCI, die vietnamesische Handels- und Investitionsbehörde, ist zwischenzeitlich in das Ministry of Planning and Investment aufgegangen, das die zentrale Anlaufstelle für ausländische Investoren ist. Sucht der KMU seine Partner in der privaten Wirtschaft, wird er häufig auf junge, auslandsunerfahrene und kapitalschwache Unternehmen treffen. Sofern es überhaupt Wahlmöglichkeiten bei der Partnersuche gibt, ist die landeskundige Beratung und Vermittlung von entscheidender Bedeutung. Als Anlaufstellen gibt es in Hanoi die Deutsche Botschaft und in Ho Chi Minh City ein Generalkonsulat. Der Delegierte der Deutschen Wirtschaft in Hongkong ist ebenfalls für Vietnam zuständig; er hat eine Außenstelle in Hanoi. Dieses Büro wird von einem Vietnamesen geleitet, der seine Ausbildung in der ehemaligen DDR erhalten hat und gut deutsch spricht. Ebenfalls gibt es in Hanoi ein Büro des Ostasiatischen Vereins OAV, das ebenfalls von einem deutschsprachigen Vietnamesen mit Ausbildung in der ehemaligen DDR geleitet wird. Es ist eingangs bereits erwähnt worden, daß es in Vietnam eine Vielzahl deutsch sprechender und deutschfreundlicher Vietnamesen gibt, die ihre Ausbildung im ehemaligen Ost-Berlin, in Dresden oder Leipzig erhalten haben. Vergleichbar zu den „Alumni" in Indonesien können sie gute Partner beim Aufbau von Netzwerken und bei der Anknüpfung von Kontakten sein, zumal viele von ihnen zwischenzeitlich verantwortungsvolle Positionen in Wirtschaft und Verwaltung haben. Die deutschen Großbanken sind in Vietnam bisher nur schwach vertreten. In Deutschland gibt es als mögliche Anlaufstelle lediglich die Botschaft der Sozialistischen Republik Vietnam, die eine Außenstelle mit Handelsabteilung in Berlin hat. Außerdem ist das Vietnam-Euro-Center in Hamburg zu erwähnen, das allerdings seine Aufgaben weniger in der Unterstützung von Unternehmenskontakten in Richtung Vietnam sieht.

Ein gewisses Problem bei der Bearbeitung des vietnamesischen Marktes ist, daß man die wirtschaftliche Potenz vornehmlich im Süden des Landes findet, dagegen die Ansprechpartner und Entscheidungsträger im Norden in Hanoi. Ein Pendelverkehr zwischen Hanoi und Ho Chi Minh City wird sich häufig nicht vermeiden lassen.

Das Messewesen in Vietnam ist noch in der Entwicklung begriffen. Messeplätze sind Hanoi und Ho Chi Minh City, wobei letzterer Messeplatz der wichtigere ist. Zur ersten Kontaktaufnahme mit Vietnam ist eine Messebeteiligung sicher empfehlenswert, besser im Rahmen eines Gemeinschaftsstandes als als Einzelaussteller. Man sollte sich allerdings darauf einstellen, daß selbst bei internationalen Messen die Teilnehmerzahlen aus den angrenzenden Staaten nicht sehr groß sein werden; die Konkurrenz der bedeutenderen internationalen Messeplätze in Singapur, Hongkong oder auch Bangkok macht sich bemerkbar.

Thailand ist Gründungsmitglied der ASEAN-Staaten; im Jahre 1967 wurde in der Hauptstadt Bangkok der Vertrag zur Gründung von ASEAN unterschrieben. Die thailändische Wirtschaft ist in den letzten 20 Jahren erstaunlich erfolgreich gewesen; Wachstumsraten von anfänglich 7 % und in den letzten Jahren von 8 % waren die Regel. Diese Entwicklung ist deswegen so erstaunlich, weil die politische Ordnung außerordentlich labil war und immer wieder durch Putsche des Militärs erschüttert wurde. Seit dem Jahre 1932, in dem die konstitutionelle Monarchie eingeführt und die erste Verfassung verabschiedet wurde, hat das Militär 17mal geputscht. Das Militär ist traditionell die mächtigste gesellschaftliche Gruppierung in Thailand, und es kontrolliert große Teile der Wirtschaft. Die Verfügung über das Militär bedeutet daher unmittelbar Schutz für die wirtschaftlichen Interessen. Diese Verbindung zwischen Militär und Wirtschaft mag einer der Gründe dafür gewesen sein, daß die wirtschaftliche Entwicklung unbeeinflußt von den politischen Wirren und Unruhen so erfolgreich verlief. Schon Ende der 50er Jahre stellte die Regierung konsequent die Weichen für den Wechsel von einer Staatswirtschaft zur Privatisierung der Wirtschaft. Auch Thailand stützte sich wie andere asiatische Staaten auf die Strategie

Thailand

der Exportförderung, der Importsubstitution und der gezielten Kapitalimportliberalisierung. Der Wohlstand ist im Laufe der Zeit ständig gestiegen, das Pro-Kopf-Einkommen liegt zwischenzeitlich bei etwa 3.200 $ und ist damit fast dreimal so hoch wie z.B. in Indonesien.

Wer zum ersten Mal nach Thailand und damit nach Bangkok kommt, wird allerdings sehr schnell mit den zentralen Problemen der thailändischen Wirtschaft konfrontiert. Insbesondere zu den verkehrlichen Stoßzeiten bricht der Verkehr regelmäßig zusammen, und an den Abfahrten von den Hochstraßen bilden sich endlose Autoschlangen, die eine halbwegs zuverlässige Terminplanung nahezu unmöglich machen. In den feuchtwarmen Sommermonaten mischen sich die Autoabgase und sonstigen Luftverunreinigungen mit einer hohen Luftfeuchtigkeit und machen den Aufenthalt im Freien wenig erträglich. Im Großraum Bangkok leben schätzungsweise sechs Millionen der insgesamt 60 Mio. Einwohner, und auch der überwiegende Teil der industriellen Produktion ist hier konzentriert.

Die thailändische Regierung hat seit einiger Zeit erkannt, daß ein unkontrolliertes wirtschaftliches Wachstum nicht länger hingenommen werden kann. Eine konsequente Umweltpolitik mit Zielvorstellungen für Luftreinhaltung, Abwasseraufbereitung und Müllentsorgung zeigt deutliche Prioritäten. In diesem Bereich und in der Energieversorgung gibt es daher auch zahlreiche Möglichkeiten zur Zusammenarbeit. Die zweite Konsequenz ist die notwendige Entzerrung der wirtschaftlichen Konzentration im Großraum Bangkok. Die für die Regionalpolitik und die staatliche Investitionspolitik zuständige Institution ist der Board of Investment (BoI). BoI hat ganz Thailand in Förderzonen eingeteilt, in denen einheimische und ausländische Industrieansiedlungen mit finanziellen Anreizen und sonstigen Vergünstigungen unterstützt werden, von Bangkok ausgehend mit zunehmender Intensität. Umgekehrt nehmen die Auflagen ausgehend von Bangkok ins Landesinnere hinein ab. Durch die Ausweisung von Wirtschaftssonderzonen versucht BoI, insbesondere ausländische Investoren in die gewünschten Regionen zu lenken. Ein derartiges zentrales Projekt ist die Eastern Seaboard Development Zone, die etwa 100 km südlich von Bangkok entsteht. In diesem wohl größten Entwicklungsprojekt in ganz Asien findet der ausländische Investor hervorragende Ansiedlungsbedingungen und zusätzliche Angebote zur Erhöhung der Arbeits- und Lebensqualität. In Vorbereitung befindet sich ein weiteres

Großprojekt weiter im Süden in der Nähe der Grenze zu Malaysia, die Southern Seaboard Development Zone; dieses Projekt ist allerdings vorwiegend für den Aufbau einer Erdöl- und Petrochemieverarbeitung geplant.

Zusätzliche Impulse für Wachstum und wirtschaftliche Zusammenarbeit mit dem Ausland erhofft sich Thailand auch durch die internationale Zusammenarbeit in der Greater Mekong Subregion (GMS). Durch den Fluß Mekong sind die Länder Thailand, Laos, Kambodscha, Vietnam und die chinesische Provinz Yunnan in einem natürlichen Wirtschaftsraum miteinander verbunden; hier leben etwa 220 Mio. Menschen. Da sich alle Länder außer Thailand auf dem Weg von einer Planwirtschaft in eine marktorientierte offene Volkswirtschaft befinden, erhofft sich Thailand eine gewisse Führungsrolle bei diesem Entwicklungsprojekt. Natürlich sind bei diesem Projekt in erster Linie ausländische Großinvestoren gefragt, dennoch bieten sich durchaus auch für kleine und mittlere Unternehmen Möglichkeiten, von einem Standort in Thailand zusammen mit einem thailändischen Partner an Zulieferungen oder Teilaufträgen mitzuwirken.

Mit dem steigenden Wohlstand wachsen auch die Ansprüche an Gesundheitsdienste. Die thailändische Regierung fördert die Verbesserung der Gesundheitsfürsorge und -vorsorge besonders in den ländlichen Regionen z.B. durch Bau von Krankenhäusern und durch finanzielle Förderungen privater Initiativen. Da die heimische medizintechnische Industrie noch nicht ausreichend ausgebaut ist, bieten sich hier zahlreiche Liefer- und Kooperationsmöglichkeiten.

Thailand ist also auch für KMU ein interessanter Markt, und zwar sowohl als Binnenmarkt als auch als Ausgangspunkt für Vorstöße in die übrigen Staaten des früheren Indochina. Das Netz von Ansprechpartnern und Anlaufstellen kann als gut bezeichnet werden. Die deutsche Botschaft und die Deutsch-Thailändische Handelskammer sind die traditionellen ersten Anlaufstellen. Allerdings sollte man sich auf jeden Fall um zusätzliche Kontaktpartner bemühen, zumal die AHK häufig durch größere Kunden in Anspruch genommen ist und nicht immer ausreichend Zeit für kleine Unternehmen und Marktneulinge aufbringen kann. Zur Verringerung dieses Defizits bietet die AHK seit kurzem eine zusätzliche Dienstleistung an. Ein Ausschuß von etwa 20 deutschen und thailändischen Geschäftsleuten mit der Bezeichnung „Thai-German Committee for Business Development" steht potentiellen Investoren beratend und unterstützend zur Seite. Insbesondere für Unternehmerdelegationen ist dieser Ausschuß ein guter Einstieg, um sich aus erster Hand über die Geschäfts- und Kooperationsmöglichkeiten zu informieren. Weiter oben wurde schon erwähnt, daß sich die Deutsch-Thailändische Handelskammer um die Errichtung eines „Deutschen Hauses" bemüht.

Praktisch alle deutschen Großbanken sind in Bangkok vertreten, und auch die thailändischen Großbanken sind zuverlässige Gesprächspartner. Darüber hinaus gibt es einige deutsche Anwälte in Bangkok und deutschlanderfahrene thailändische Anwälte, mit denen ein Informationsgespräch über die Partnersuche und eventuelle Vertretungsaufgaben lohnenwert sein kann. Wer auf der Suche nach Büroraum in Bangkok ist, sollte auch einen Besuch im World Trade Center Bangkok machen, dieser Komplex, der eine private thailändische Initiative ist, verbindet ein mehrstöckiges Kaufhaus mit einem internationalen Warenangebot mit einem Hotel und mit Büroräumen, die für einen Zeitraum bis zu zwei Jahren gemietet werden können. Für Unternehmen mit technologisch anspruchsvolleren Produkten ist auch das Asian Institute of Technology (AIT) eine interessante Adresse. Das AIT ist ein Forschungs- und Lehrinstitut mit weitreichenden internationalen Verbindungen, insbesondere in die asiatischen Länder; Vizepräsident ist ein Deutscher. Das Institut hat bisher etwa 10.000 Fach- und Führungskräfte ausgebildet, die zum Teil in verschiedenen asiatischen Staaten hohe Positionen in Wirtschaft, Verwaltung und Wissenschaft erreicht haben. Hier steht also ein Netzwerk zur Verfügung, das nützliche Verbindungen über Thailand hinaus herstellen kann; das AIT hat eine Außenstelle in Ho Chi Minh City und in Hanoi. Außerdem hat die Deutsche Gesellschaft für Technische Zusammenarbeit (GTZ) ein Büro im AIT. Nach dem Vorbild des GSI in Singapur entsteht südlich von Bangkok das Thai-German Institute (TGI), das sich die Fortbildung thailändischer Facharbeiter zum Ziel gesetzt hat; das TGI soll 1997 seinen Betrieb aufnehmen. Schließlich sollte noch als eine europäische Anlaufstelle das European Business Information Center (EBIC) erwähnt werden, das Ende 1995 errichtet wurde. Wie schon an anderer Stelle erwähnt, sehen die EBICs allerdings ihre Aufgabe nicht in erster Linie darin, bilaterale Unternehmenskontakte herzustellen, sondern sie verstehen sich eher als Informationsdrehscheibe zwischen den jeweiligen asiatischen Staaten und der Europäischen Union.

Thailändischer Ansprechpartner in Deutschland ist die Handelsabteilung der Botschaft in Bonn, die allerdings für konkrete Fragestellungen weniger geeignet erscheint. Empfehlenswert ist das Frankfurter Büro des Board of Investment, darüber hinaus sind die Niederlassungen des Thai Trade Center in Berlin, Frankfurt und Hamburg zu erwähnen.

Abschließend sollen noch einige Anmerkungen zu dem Umgang mit thailändischen Menschen bzw. Geschäftsleuten gemacht werden. Die Thais sind ein stolzes Volk, eine Folge der Tatsache, daß sie in ihrer Geschichte praktisch nie einer fremden Herrschaft unterworfen waren. Daher sollte man besonders in Thailand darauf achten, daß man nicht durch unbedachte Äußerungen oder Handlungen Gefühle verletzt. Ein besonderes Tabu-Thema ist das Königshaus, insbesondere König Bhumibol, Königin Sirikit und die Königsfamilie; sowohl in der Öffentlichkeit als auch in privater Runde sollte man herabwürdigende, ironische oder auch kritische Anmerkungen grundsätzlich vermeiden.

Mit fast 1 Mrd. Einwohnern ist *Indien* nach China und mit weitem Abstand vor Indonesien das bevölkerungsreichste Land Asiens. Wenn man im Westen schon seit Mitte der 80er Jahre von der dynamischen asiatisch-pazifischen Region oder von den Wachstumsmärkten Südostasiens sprach, dann war Indien nicht gemeint. Gedanklich ordnete man Indien der Region Südasien zu, in der man auch andere kleinere, auf niedrigem Entwicklungsniveau stehende Länder, wie z.B. Bangladesch und Sri Lanka zusammenfaßte. Indiens Wirtschaftspolitik war seit der Staatsgründung im Jahr 1947 durch den sogenannten Nehru-Sozialismus charakterisiert, der die freie Entfaltung privatwirtschaftlicher Initiativen lähmte, und auch die starre, durch die Kasten bestimmte Gesellschaftsstruktur war einer entstehenden Aufbruchstimmung, wie sie für andere Staaten Asiens typisch war, eher abträglich. Indien fand im Westen eher Aufmerksamkeit durch seine labile politische Situation, immer wieder aufflammende ethnische Spannungen, Grenzkonflikte mit Pakistan, eine katastrophale Infrastruktur und durch eine große Armut weiter Teile der Bevölkerung.

Indien

Den grundlegenden Kurswechsel vollzog die Regierung Rao im Jahre 1991, als eine konsequente Liberalisierungspolitik in Verbindung mit der Förderung privatwirtschaftlicher Initiativen eingeleitet wurde. Der Erfolg blieb nicht aus, seitdem wuchs das Bruttosozialprodukt durchschnittlich mit etwa 5 %, und das Pro-Kopf-Einkommen stieg auf etwa 360 $. Damit hat Indien ein Wohlstandsniveau wie in etwa Vietnam erreicht. Dennoch war diese hoffnungsvolle Entwicklung Anlaß genug für westliche Unternehmen, an der Spitze amerikanische Großunternehmen, sich verstärkt um den indischen Markt zu bemühen, und im Gefolge kamen auch europäische und deutsche Unternehmen nach Indien. Der Bedarf ist riesig, insbesondere im Infrastrukturbereich, und zum Aufbau einer leistungsfähigen Industrie ist der Kapital- und Technologietransfer aus dem Ausland unverzichtbar. Insofern läßt sich die Situation in Indien mit Vietnam vergleichen.

Der am indischen Markt interessierte mittelständische Unternehmer hat es allerdings nicht leicht, sich in den riesigen Subkontinent hineinzufinden. Die wirtschaftlichen Ballungszentren liegen in den Großstädten, die allein durch ihre Einwohnerzahlen eine gewisse Beunruhigung auslösen können; die Hauptstadt New Delhi hat etwa 8 Mio. Einwohner, die stärkste Wirtschaftsmetropole Bombay etwa 13 Mio., Kalkutta etwa 11 Mio., Madras und Hyderabad gut 5 Mio. und Bangalore etwa 4 Mio. Einwohner; diese Zahlen sind natürlich eher Schätzungen. Es ist verständlich, daß diese Bevölkerungskonzentrationen mit erheblichen Verkehrsproblemen, Umweltverschmutzungen und gravierenden sozialen Belastungen einhergehen. Wer also als Asienneuling seinen Weg in Indien beginnt, wird nicht den Eindruck gewinnen, daß sich hier eine ganze Bevölkerung im Aufbruch befindet, so wie man es durchaus in China oder auch Vietnam beobachten kann.

Diesen Eindruck darf man allerdings nicht ohne weiteres auf die Wirtschaft übertragen. Die überwiegend kleinen und mittleren Unternehmen sind gewillt, ihre privatwirtschaftlichen Spielräume zu nutzen, sie bemühen sich intensiv um die Kontaktanknüpfung zu ausländischen Unternehmen und sind aus bekannten Gründen vorrangig an Kooperationen interessiert. Wer auf internationalen Messen teilnimmt oder im Rahmen von Delegationen Indien besucht oder auch andere Wege der Kontaktanbahnung geht, wird in der Regel keine Probleme haben, Gesprächspartner zu finden. Das Problem wird eher sein, aus der Vielzahl der

Interessenten den oder die geeigneten Partner für eine Zusammenarbeit herauszufinden.

Daher ist es in Indien besonders wichtig, ein zuverlässiges Netz von Ansprechpartnern zu haben. Eine gute Adresse ist die Deutsche Botschaft in New Delhi, wo sich ein dynamisches Team von Mitarbeitern im Sinne der deutschen Asienpolitik auch für kleine und mittlere Unternehmen einsetzt; Generalkonsulate gibt es in Bombay, Kalkutta und Madras. Eine ebenso gute Adresse ist die Deutsch-Indische Handelskammer mit Sitz in Bombay; mit mehr als 6.000 Mitgliedern ist sie die größte Auslandshandelskammer. Die Kammer hat Zweigstellen in New Delhi, Kalkutta, Madras und Bangalore. Die Kontaktaufnahme zur Kammer wird durch ein Verbindungsbüro in Düsseldorf erheblich erleichtert. Als indische Anlaufstelle in Deutschland ist neben den diplomatischen Vertretungen die India Trade Promotion Organisation (ITPO) mit Sitz in Frankfurt zu erwähnen.

Um insbesondere der deutschen mittelständischen Wirtschaft eine ortsfeste Anlaufstelle in Indien zu bieten, ist an die Errichtung eines „Deutschen Hauses" gedacht; die Initiative geht von den Ländern Baden-Württemberg und Bayern in Zusammenarbeit mit der Deutsch-Indischen Handelskammer aus. Das Projekt befindet sich allerdings noch im Diskussionsstadium; der Standort könnte Bombay sein.

Das internationale Messewesen in Indien hat sich in den letzten Jahren gut entwickelt; wichtigste Messeplätze sind New Delhi und Bombay. Die Teilnahme an einer Messe im Rahmen eines Gemeinschaftsstandes ist für einen Indienneuling ein empfehlenswerter Weg, sich erste persönliche Eindrücke zu verschaffen.

Dieser kurze Streifzug durch zwölf asiatische Staaten macht deutlich, daß es vielfältige Chancen für kleine und mittlere Unternehmen und für Asienneulinge gibt. Allerdings wurde auch erkennbar, daß Asien keineswegs eine so homogene Region ist, wie es aus der Ferne und auf den ersten Blick vielleicht den Anschein haben mag. Es gibt nicht nur nationale, historische und soziologische Besonderheiten und unterschiedliche Ordnungsrahmen, sondern es gibt unterschiedlich dichte und zuverlässige Informationsnetzwerke, die für Erfolg oder Mißerfolg einer Markterschließungsinitiative von entscheidender Bedeutung sind. Bei nahezu allen behandelten Ländern steht der Wunsch nach einer Zusammenarbeit mit einem ausländischen Partner im Vordergrund, weil der Mangel an Kapital und moderner Technologie die zentralen Defizite sind. Mit dieser Konsequenz muß sich also der KMU auseinandersetzen, wenn er einen nachhaltigen und ausbaufähigen Markterfolg anstrebt. Diese Konsequenz wird unterstrichen durch die Tatsache, daß trotz aller Globalisierung auch in Asien die Tendenzen zur Regionalisierung ständig fortschreiten. Die zunehmende innerasiatische Wirtschaftsverflechtung löst zusätzliche Wachstumsimpulse aus, die zumindest der Tendenz nach die Abhängigkeit von den Handelspartnern im Westen verringern. Andererseits verbessern sich die Geschäftsmöglichkeiten für ausländische Unternehmen, wenn sie bereits mit einem Standbein in der Region vertreten sind.

ASEAN als ältester regionaler Zusammenschluß mit der bis zum Jahre 2003 angestrebten Freihandelszone AFTA ist bereits an anderer Stelle erwähnt worden. Bisher von geringerer politischer und wirtschaftlicher Bedeutung ist die „South Asian Association for Regional Cooperation" (SAARC), zu der sich in Südasien die Staaten Bangladesch, Bhutan, Indien, Malediven, Nepal, Pakistan und Sri Lanka zusammengeschlossen haben. Der jüngste und wohl bedeutungsvollste regionale Zusammenschluß ist die „Asia Pacific Economic Cooperation" (APEC); die Besonderheit dieses Zusammenschlusses ist, daß neben asiatischen Staaten auch Staaten von der „anderen Seite" des Pazifischen Ozeans, wie die USA, Kanada, Mexiko und Chile und zusätzlich Australien und Neuseeland Mitglieder sind. Hier wächst eine regionale Zusammenarbeit heran, die ursprünglich nur als eher lockere politische Abstimmung geplant war, die aber in jüngerer Zeit durch eine wachsende Zahl von Treffen auf Regierungs- und Verwaltungsebene immer mehr wirtschaftliche Züge annimmt.

Die ebenfalls erwähnten Wirtschaftssonderzonen einiger Länder, die häufig für exportorientierte Unternehmen zusätzliche Vergünstigungen bieten, sind als ein zusätzlicher Anreiz zu werten, Marktchancen in einer zusammenwachsenden Region wahrzunehmen. Vergleichbare Marktvorteile bieten Standorte in den angesprochenen „Wachstumsdreiecken" insbesondere in Südostasien, in denen sich drei oder auch mehr Staaten die gemeinschaftliche Entwicklung von Grenzregionen zum Ziel gesetzt haben. Einige Beispiele wurden schon erwähnt, ein anderes Beispiel ist die sog. „BAHT-Zone", in der unter der Führung Thailands Laos und Vietnam gemeinsame Entwicklungsprojekte vorantreiben wollen. Ein letztes Beispiel ist die „East Asean Growth Area" (EAGA), in der die Philippinen, die Inseln Sulawesi und Kalimantan, das ehemalige Borneo, die beide zu Indonesien gehören, Brunei und Malaysia zusammenarbeiten wollen. Modellcharakter für bilaterale Zusammenarbeit haben die gemeinsamen Entwicklungsprojekte von Singapur und Indonesien auf Inseln des zu Indonesien gehörenden Riau-Archipels in der „Straße von Malakka", der Seedurchfahrt zwischen Malaysia und Sumatra. 1991 wurde der erste gemeinsame Industriepark auf der Insel Batam errichtet, das zweite Projekt entstand auf der Insel Bindan, und jetzt wird das dritte Gemeinschaftsprojekt auf der Insel Karimun in Angriff genommen.

Es ist verständlich, daß sich in diesen regionalen und grenzüberschreitenden Entwicklungsprojekten vornehmlich japanische und amerikanische Unternehmen, aber auch „Auslandschinesen" und Investorengruppen aus Hongkong und Singapur engagieren. Deutsche Unternehmen werden wenig Chancen haben, wenn sie allein durch das Exportgeschäft oder den reinen Technologietransfer ihr Glück versuchen. Ein Standbein vor Ort und eine Kooperation mit einem heimischen Partner sind wahrscheinlich die einzig erfolgversprechenden Wege.

Abschließend seien noch einige Anmerkungen zu den jüngsten Währungsturbulenzen in Südostasien angefügt. Typische Strukturmerkmale für die „kleinen Tiger erster und zweiter Generation" sind die de-facto-Bindung ihrer Währungen an den Dollar, hohe Leistungsbilanzdefizite und eine hohe Auslandsverschuldung; im Ergebnis ist also die Mehrzahl der asiatischen Währungen überbewertet. Auslösend für die Währungsturbulenzen war eine Spekulation gegen den thailändischen Baht, die wiederum eine Folge der unerwarteten Wachstumsverluste in Thailand seit etwa Mitte des letzten Jahres war. Die thailändische Regierung begegnete der Spekulation durch Freigabe des Wechselkurses, mit der Folge einer deutlichen Abwertung des Baht. Die spekulative Entwicklung griff von Thailand auch auf andere asiatische Staaten über und setzte weitere Währungen unter deutlichen Abwertungsdruck. Einige Asienexperten aus der internationalen Bankenwelt befürchten nun, daß eine gewisse Automatik einsetzt, die über die Verteuerung der Importe, steigende Zinsen und Preise und rückläufige Nachfrage in eine rezessive Entwicklung münden könnte. Diese Möglichkeit ist sicher nicht von der

Hand zu weisen, wenn man sich an dem Beispiel Japan orientiert, das nach dem Platzen der „bubble economy" in eine mehrjährige rezessive Wirtschaftsentwicklung geriet, die noch immer nicht endgültig überwunden ist. In welcher Zeit und mit welchen Spätfolgen diese Krisensituationen überwunden werden können, hängt zu einem Teil von der internationalen Solidarität, insbesondere von Japan ab. Japan hat nicht nur massive wirtschaftliche Interessen in praktisch allen Ländern Asiens, sondern ist auch der wichtigste Kreditgeber in der Region. Die schnelle Unterstützungszusage Japans zugunsten Thailands zeigt, daß Japan den Ernst der Lage erkannt hat und zu helfen bereit ist.

Selbst wenn rezessive Folgen in einzelnen Ländern nicht vermieden werden können, so ist nicht zu erwarten, daß die in der Grundverfassung stabile und auf mittlere Sicht dynamische wirtschaftliche Entwicklung zu einem vorzeitigen Ende kommt. Es drängt sich bei den „grau getönten" Kommentaren das Gefühl auf, daß wieder einmal „der Wunsch die Mutter des Gedankens" ist. Schon zu Beginn der japanischen Rezession frohlockten viele sogenannte Wirtschaftskenner, daß Japan nun endlich auch in die Situation kommt, die in Europa und Deutschland seit einiger Zeit unser Problem ist. Die neuen Probleme der „älteren Tiger", wie steigende Kosten und Löhne und noch nicht immer ausreichende internationale Wettbewerbsfähigkeit, sind ebenso weithin bekannt wie die alten Probleme der „jüngeren Tiger", wie Kapitalmangel, unzureichende Infrastruktur und hoher Importbedarf. Selbst wenn für einige Jahre die Wachstumsraten um einige Prozentpunkte zurückgehen würden, bleibt auf mittlere Sicht immer noch ein Wachstumsvorsprung, der die asiatischen Märkte für europäische und deutsche Unternehmen interessant bleiben läßt. Für kleine und mittlere Unternehmen mit der Bereitschaft zu einem Engagement vor Ort bleiben allemal genügend Möglichkeiten, stagnierende Absatzmärkte in Europa durch die Erschließung neuer Märkte in Asien zu kompensieren. Wenn der KMU Neuling in Asien oder auf einzelnen asiatischen Märkten ist, muß er sich ohnehin auf die dortigen Verhältnisse sorgfältig vorbereiten, so daß eine mögliche Wachstumsdelle ihn nicht vor eine unerwartete Situation und damit vor neue Entscheidungen stellt. Wer also unter dem Eindruck der Globalisierungsdiskussion oder auch aufgrund betrieblicher Notwendigkeiten die Markterschließung in Asien als eine echte Alternative erkannt hat, sollte mit einer Portion persönlicher Courage, unter nüchterner Abschätzung der Erfolgschancen und Risiken, mit Verständnis für die gesellschaftlichen Strukturen und geschäftlichen Spielregeln und mit einem gut geknüpften Informationsnetzwerk das „Abenteuer Asien" wagen.

Anhang

Die nachfolgenden Adressen und Ansprechpartner sind durch eigene Recherchen und aus den im Literaturverzeichnis genannten Fachpublikationen und Nachschlagewerken zusammengestellt.

1. **Wichtige deutsche Ansprechpartner in Deutschland**

   Bundesministerium für Wirtschaft (BMWi)
   Villemombler Str. 76
   53123 Bonn
   Ministerialdirigent Dr. Hans-Martin Burkhardt,
   Beauftragter für die wirtschaftliche Zusammenarbeit
   mit der asiatisch-pazifischen Region
   Telefon: 0228/6 15-22 41/Telefax: 0228/6 15-37 92

   Referat V C 6
   Pazifischer Raum, Japan, Republik Korea,
   Südostasien, Australien, Neuseeland; multilaterale und
   regionale Fragen
   Ministerialrat Dr. Hans-Christian Reichel
   Telefon: 0228/6 15-39 09/Telefax: 0228/6 15-40 84

   Referat V B 6
   Südasien, Türkei, Israel
   Ministerialrätin Hilde Welte
   Telefon: 0228/6 15-22 10/Telefax: 0228/6 15-26 42

   Referat V C 1
   China, Taiwan, Macao, Dem. VR Korea
   RegDir Dr. Wolfgang von Lingelsheim-Seibicke
   Telefon: 0228/6 15-41 35/Telefax: 0228/6 15-25 42

   Referat Öffentlichkeitsarbeit
   Dokumentenversand
   Telefon: 0228/6 15-21 31/Telefax: 0228/6 15-26 46

Auswärtiges Amt (AA)
Adenauerallee 99 - 103
53113 Bonn
Ministerialdirigent Dr. Hans-Dieter Scheel,
Beauftragter für Asienpolitik
Telefon: 0228/17-39 12/Telefax: 0228/17-34 02

Bundesministerium für wirtschaftliche
Zusammenarbeit und Entwicklung (BMZ)
Friedrich-Ebert-Allee 40
53113 Bonn
Ministerialrat Dr. Klemens van de Sand,
Beauftragter für Asien
Telefon: 0228/5 35-31 00/Telefax: 0228/5 35-31 05

Bundesministerium für Bildung, Wissenschaft,
Forschung und Technologie (BMBF)
Heinemannstraße 2
53175 Bonn
Ministerialrat Dr. Karl-Christoph Blaesing,
Referat 136, Zusammenarbeit mit Asien und Australien
Telefon: 0228/57-34 37/Telefax: 0228/57-36 01

Bundesstelle für Außenhandelsinformation (BfAI)
Agrippastraße 87 - 93
50676 Köln
Dipl.-Volksw. Wolfgang Schmidt
Telefon: 0221/20 57-0
Telefax: 0221/20 57-212, -262, -275

BfAI Außenstelle Berlin
Scharnhorststraße 36
10115 Berlin
Telefon: 030/20 14-52 16/Telefax: 030/20 14-52 04

Nachrichten für Außenhandel (NfA)
Hrsg.: vwd Vereinigte Wirtschaftsdienste GmbH,
Eschborn
Niederurseler Allee 8 - 10
65760 Eschborn
Telefon: 06196/405-0/Telefax: 06196/405-240

Deutsche Investitions- und Entwicklungsgesellschaft
mbH (DEG)
Belvederestraße 40

50933 Köln
Telefon: 0221/4986-0/Telefax: 0221/498629-104

Deutsche Gesellschaft für Technische
Zusammenarbeit GmbH (GTZ)
Dag-Hammarskjöld-Weg 1
Postfach 51 80
65726 Eschborn
Telefon: 06196/79-0/Telefax: 06196/79-11 15

Asien-Pazifik-Ausschuß der deutschen
Wirtschaft (APA)
c/o Bundesverband der Deutschen Industrie
Gustav-Heinemann-Ufer 84 - 88
50968 Köln
Stefan Winter, APA-Koordinator Deutschland
Karin Sahr, Referentin
Telefon: 0221/37 08-463/Telefax: 0221/37 08-860

Deutscher Industrie- und Handelstag (DIHT)
Adenauerallee 148
53113 Bonn
Abteilungsleiter Außenwirtschaft:
Michael Pfeiffer
Telefon: 0228/104-220/Telefax: 0228/104-556

Ostasiatischer Verein (OAV)
Neuer Jungfernstieg 21
20354 Hamburg
Geschäftsführendes Vorstandsmitglied:
Dr. Rolf Dittmar
Telefon: 040/35 75 59-27/Telefax: 040/35 75 59-25

Australien-Neuseeland-Südpazifik-Verein (ANV)
Neuer Jungfernstieg 21
20354 Hamburg
Geschäftsführer: Wolfgang Niedermark
Telefon: 040/35 75 59-27/Telefax: 040/35 75 59-25

Ausstellungs- und Messe-Ausschuß der deutschen
Wirtschaft e.V. (AUMA)
Lindenstr. 8
50674 Köln
Telefon: 0221/2 09 07-0/Telefax: 0221/2 09 07-12

Kreditanstalt für Wiederaufbau (KfW)
Palmengartenstr. 5 - 9
60325 Frankfurt/Main
Telefon: 069/74 31-0/Telefax: 069/74 31-29 44

Niederlassung Berlin (Beratungszentrum)
Charlottenstraße 33/33a
10117 Berlin
Telefon: 030/20 26 4-316/Telefax: 030/20 26 4-192

Hermes Kreditversicherungs-AG
Friedensallee 254
22763 Hamburg
Telefon: 040/88 34-0/Telefax: 040/88 34-77 44

C & L Deutsche Revision AG
New-York-Ring 13
22297 Hamburg
Telefon: 040/63 78-0/Telefax: 040/63 78-15 10
Bearbeitung von Kapitalanlagegarantien
(Information/Anträge)

Bundesverband Deutscher Kapitalbeteiligungsgesellschaften (BVK)
Karolingerplatz 10 - 11
14052 Berlin
Telefon: 030/30 69 82-0/Telefax: 030/30 69 82-20

Bundesverband Deutscher
Unternehmensberater BDU e.V.
Friedrich-Wilhelm-Str. 2
53113 Bonn
Telefon: 0228/23 80 55/Telefax: 0228/23 06 25

Verband unabhängig beratender
Ingenieurfirmen e.V. (VUBI)
Winston-Churchill-Straße 1
53113 Bonn
Telefon: 0228/201 55-0/Telefax: 0228/201 55-55

Centrale Marketing-Gesellschaft der
Deutschen Agrarwirtschaft mbH (CMA)
Koblenzer Straße 148
53177 Bonn
Telefon: 0228/8 47-0/Telefax: 0228/84 72 02

Rationalisierungs-Kuratorium der
Deutschen Wirtschaft e.V. (RKW)
Düsseldorfer Straße 40
65760 Eschborn
Telefon: 06196/495-1/Telefax: 06196/495-303

Statistisches Bundesamt (StBA)
Außenhandel
Gustav-Stresemann-Ring 11
Postfach 55 28
65045 Wiesbaden
Telefon: 0611/75-24 66/Telefax: 0611/72 40 00

Deutsch-Chinesische
Wirtschaftsvereinigung e.V. (DCW)
Unter Sachsenhausen 10 - 26
50667 Köln
Telefon: 0221/1 64 00/Telefax: 0221/1 64 01 23

Deutsch-Japanischer Wirtschaftskreis (DJW)
Postfach
40199 Düsseldorf
Telefon: 0211/8 26 41 60/Telefax: 0211/8 26 61 39

Deutsch-Koreanischer Wirtschaftskreis e.V. (DKW)
Odeonstr. 18
30159 Hannover
Telefon: 0511/701 58-14/Telefax: 0511/701 58-25

Asien Pazifik Institut für Management GmbH (API)
Odeonstr. 18
30159 Hannover
Telefon: 0511/701 58-13/Telefax: 0511/701 58-25

Deutsches Übersee-Institut (DÜI)
Übersee-Dokumentation
Referat Asien und Südpazifik (ASDOK)
Neuer Jungfernstieg 21
20354 Hamburg
Telefon: 040/35 62-589/Telefax: 040/35 62-512

Institut für Asienkunde (IfA)
Rothenbaumchaussee 32
20148 Hamburg
Telefon: 040/44 30 01/Telefax: 040/4 10 75 49

Institut für Auslandsbeziehungen (IfA)
Charlottenplatz 17
70173 Stuttgart
Telefon: 0711/22 25-112, -126/Telefax: 0711/22 25-131

2. *Wirtschaftsförderungseinrichtungen*

Baden-Württemberg
Gesellschaft für internationale
wirtschaftliche Zusammenarbeit
Baden-Württemberg mbH - GWZ -
Willi-Bleicher-Str. 19
70174 Stuttgart
Geschäftsführer Dr. Michael Hagenmeyer
Telefon: 0711/2 27 87-0/Telefax: 0711/2 27 87-22

Bayern
Bayerisches Staatsministerium
für Wirtschaft, Verkehr und Technologie
Referat Standort-Marketing,
Ansiedlungsberatung, Außenwirtschaft I
Prinzregentenstr. 28
80538 München
Geschäftsführer Dr. Manfred Pfeifer
Telefon: 089/21 62-26 42/Telefax: 089/21 62-28 03

Berlin
Wirtschaftsförderung Berlin GmbH
Hallerstr. 6
10587 Berlin
Geschäftsführer Dr. Hans Estermann
Telefon: 030/3 99 80-0/Telefax: 030/3 99 80-2 39

Brandenburg
Wirtschaftsförderung Brandenburg GmbH
Am Lehnitzsee
14476 Neu Fahrland
Sprecher der Geschäftsführung
Knut Solzbacher
Telefon: 033208/55-0/Telefax: 033208/55-1 00

Bremen
BBI Bremen Business International GmbH
World Trade Center Bremen

Birkenstraße 15
28195 Bremen
Geschäftsführer Wolfgang Hofmann und
Helmut H. Detken
Telefon 0421/1 74 66-0/Telefax 0421/1 74 66-22

Wirtschaftsförderungsgesellschaft der Freien
Hansestadt Bremen GmbH
Hanseatenhof 8
28195 Bremen
Geschäftsführer Harald Matys
Telefon: 0421/3 08 85-0/Telefax: 0421/3 08 85-44

Hamburg
HWF - Hamburgische Gesellschaft für
Wirtschaftsförderung mbH
Hamburger Str. 11
22083 Hamburg
Vors. d. Geschäftsführung
Dr. Dietmar Dudden
Geschäftsführer Günter Borgmann
Telefon: 040/22 70 19-0/Telefax: 040/22 70 19-29

Hessen
HLT Wirtschaftsförderung Hessen
Investitionsbank AG
Abraham-Lincoln-Str. 38 - 42
65189 Wiesbaden
Vorstandsmitglieder
Karlheinz Zahn
Joachim Lauterbach
Telefon: 0611/7 74-0/Telefax: 0611/7 74-2 65

Mecklenburg-Vorpommern
Gesellschaft für Wirtschaftsförderung
Mecklenburg-Vorpommern mbH
Schloßgartenallee 15
19061 Schwerin
Geschäftsführer Jürgen Kempke
Telefon: 0385/5 92 25-0/Telefax: 0385/ 5 92 25-12, -22

Niedersachsen
IPA Investment Promotion
Agency Niedersachsen
Hamburger Allee 4

30161 Hannover
Geschäftsführer Dr. Klaus von Voigt
Telefon: 0511/34 34 66/Telefax: 0511/3 61 59 09

Nordrhein-Westfalen
Gesellschaft für Wirtschaftsförderung (GfW)
Nordrhein-Westfalen mbH
Kavalleriestr. 8 - 10
40213 Düsseldorf
Geschäftsführer (Sprecher)
Andreas Schlieper
Geschäftsführer Dr. Rainer Buhr
Telefon: 0211/1 30 00-0/Telefax: 0211/1 30 00-54

Rheinland-Pfalz
Investitions- und Strukturbank
Rheinland-Pfalz (ISB) GmbH
Standortmarketing, Betriebsansiedlung
Wilhelm-Theodor-Römheld-Str. 22
55130 Mainz
Direktor Dr. Gregor Weiner
Telefon: 06131/9 85-2 00/Telefax: 06131/9 85-2 99

Saarland
SAARLAND
Gesellschaft für Wirtschaftsförderung Saar mbH
Trierer Str. 8
66111 Saarbrücken
Geschäftsführer Thomas Schuck
Telefon: 0681/9 48 55-0/Telefax: 0681/9 48 55-11

Sachsen
Wirtschaftsförderung Sachsen GmbH
Bertolt-Brecht-Allee 22
01309 Dresden
Geschäftsführer Dr. Harald Röthig
Telefon: 0351/31 99 10 00/Telefax: 0351/31 99 10 99

Sachsen-Anhalt
Wirtschaftsförderungsgesellschaft
für das Land Sachsen-Anhalt mbH
Schleinufer 16
39104 Magdeburg
Geschäftsführer Marcus Tolle
Telefon: 0391/5 68 99-0/Telefax: 0391/5 68 99-50

Schleswig-Holstein
Wirtschaftsförderung Schleswig-Holstein GmbH
Lorentzendamm 43
24103 Kiel
Geschäftsführer Volker Haufler
Telefon: 0431/5 93 39-0
Telefax: 0431/55 51 78, 5 93 39-30

Thüringen
Landesentwicklungsgesellschaft Thüringen mbH
Mainzerhofstr. 12
99084 Erfurt
Sprecher der Geschäftsführung
Reinhold Stanitzek
Telefon: 0361/56 03-0/Telefax: 0361/56 03-3 33

3. IHK-Firmenpools im Ausland

IHK-Gesellschaft zur Förderung der Außenwirtschaft
und Unternehmensführung
Adenauerallee 148
53113 Bonn
Telefon: 0228/10 42 22/Telefax: 0228/10 42 38
Ansprechpartner:
Frau Miriam Teuwen (App. 164),
Herr Wilhelm Berg (App. 237)

Land/Region	Branchen	Ansprechpartner
China, Peking	Konsumgüterindustrie	IHK Köln, Victor Vogt, Tel. 0221/1 64 05 50
China, Shanghai	Investitionsgüterindustrie	IHK Bielefeld, Harald Grefe, Tel. 0521/55 42 30 IHK-GmbH, Wilhelm Berg, Tel. 0228/104-236
China, Wuhan	Investitionsgüterindustrie, Chemie	IHK Duisburg, Dr. Gerhard Eschenbaum, Tel. 0203/2 82 12 84
Japan		IHK Düsseldorf, Joachim Wischermann, Tel. 0211/3 55 72 20
Japan	Umwelt- und Geotechnologie	IHK Düsseldorf, Joachim Wischermann, Tel. 0211/3 55 72 20
Malaysia/ASEAN	Investitionsgüter, insbes. Bausektor u. Automobilzulieferer	IHK Münster, Dr. Bodo Risch, Tel. 0251/707 298 IHK-GmbH, Miriam Teuwen, Tel. 0228/104-23

Firmenpools in Vorbereitung

Vietnam		IHK Rhein-Neckar, Mannheim
China, Indien, Indonesien, Malaysia Thailand	{ Umwelt-technologie }	Umwelt-Area-Manager der jeweiligen Auslandshandels-, kammer

Firmenpools einzelner Industrie- und Handelskammern

- China   IHK Bayreuth, Dresden, Duisburg, Köln, Pforzheim
- Japan   IHK Bayreuth
- Singapur   IHK Potsdam
- Indien Südkorea   Arbeitsgemeinschaft hessischer IHKn

4. Umwelt-Area-Manager

Seit 1996 sind an ausgewählten Auslandshandelskammern Spezialisten für Umwelttechnologien tätig, die ihre Dienstleistungen vorwiegend mittelständischen Unternehmen anbieten.

Kontaktadressen der Umwelt-Area-Manager

Delegiertenbüro Shanghai/China
Delegation of Germany Industry
and Commerce
Shanghai Bund Center
555 Zhongshan Dong (Er) Road
200010 Shanghai
Telefon: 008621 - 6 32 67 91/2
Telefax: 008621 - 63 26 97 94

AHK Bombay/Indien
Indo-German Chamber of Commerce
P.O. Box 11092
Bombay - 400020
Telefon: 009122 - 2 18 61 31
Telefax: 009122 - 2 18 05 23

AHK Jakarta/Indonesien
Perkumpulan Ekonomi Indonesia-Jerman (Ekonid)
P.O. Box 3151
Jakarta 10031
Telefon: 006221 - 3 15 46 85
Telefax: 006221 - 3 15 52 76

AHK Kuala Lumpur/Malaysia
Malaysian-German Chamber of Commerce and Industry
P.O. Box 11683
50754 Kuala Lumpur
Telefon: 00603 - 2 38 35 61/2
Telefax: 00603 - 2 32 11 98

AHK Bangkok/Thailand
German-Thai Chamber of Commerce
G.P.O. Box 1728
Bangkok 10501
Telefon: 00662 - 2 36 23 96, 2 35 35 10-3
Telefax: 00662 - 2 36 47 11

ITUT GmbH Leipzig
Maximilianallee 4
04129 Leipzig
Telefon: 0341 - 6 09 67 10/Telefax: 0341 - 6 09 67 30

Koordinierungsstelle:
IHK Gesellschaft zur Förderung der Außenwirtschaft und der Unternehmensführung mbH
Frau Ursula Meister
Frau Esther Runkel
Schedestr. 11
53113 Bonn
Telefon: 0228 - 104 260/261/Telefax: 0228 - 104 238

5. Deutsche Industrie- und Handelszentren

Land	Ort	Initiative/ Förderung	Projektträger	Fertigstellung/ Realisierungsphase
Japan	Yokohama	Land Baden-Württemberg	Deutsche Immobilien Anlagegesellschaft (Deutsche Bank)	seit 1987
VR China	Shanghai	Freistaat Bayern/LB	Bayerische LB	eröffnet Juli 1994 (1. Phase)
Singapur	Singapur	VDMA/Land Baden-Württemberg	SüdwestLB WestLB	am 16. Juni 1995 offiziell eröffnet
VR China	Beijing	Land Baden-Württemberg	SüdwestLB	in Verwirklichung
Indonesien	Jakarta	Land Baden-Württemberg Deutsch-Indonesische IHK	L-Bank, Karlsruhe	in Verwirklichung
Südkorea	Seoul	Land Baden-Württemberg/VDMA	L-Bank, Karlsruhe Deutsch-Koreanische IHK	in Diskussion
Indien	Bombay	Land Baden-Württemberg/ Freistaat Bayern Deutsch-Indische HK Bombay	BayerischeLB SüdwestLB evtl. Deutsch-Indische HK Bombay	in Diskussion
Vietnam	Hanoi oder Ho Chi Minh City	Land Baden-Württemberg	SüdwestLB	in Diskussion

Adressen der Projektträger

Singapur Deutsches Industrie- und Handelszentrum in Singapur Beteiligungs-GmbH
Postfach 10 60 49, 70049 Stuttgart

Shanghai Bayerische Landesbank
Brienner Straße 20, 80333 München

Yokohama Deutsche Immobilien Anlagegesellschaft mbH
Bockenheimer Landstraße 42,
60323 Frankfurt am Main

Beijing Südwestdeutsche Landesbank
Am Hauptbahnhof 2, 70173 Stuttgart

Jakarta   Landeskreditbank Baden-Württemberg
Schloßplatz 10 - 12, 76131 Karlsruhe

6. Wichtige deutsche Ansprechpartner in Asien

Bangladesch

Botschaft der Bundesrepublik Deutschland
P.O. Box 108, Dhaka 2
Telefon: 00880 2/88 47 34 bis 37, 88 35 96
Telefax: 00880 2/88 31 41

Brunei Darussalam

Botschaft der Bundesrepublik Deutschland
P.O. Box 3050
Bandan Seri Begawan
Telefon: 00673 2/22 55 47/Telefax: 00673 2/22 55 83

China

Botschaft der Bundesrepublik Deutschland
5, Dong Zhi Men Wai Da Jie
Beijing 100600/VR China
Telefon: 0086 10/65 32 21-61-65
Telefax: 0086 10/65 32 53 36

Delegierter der Deutschen Wirtschaft in Peking
Landmark Towers, 8 North Dongsanhuan Rd.
Chaoyang District, Beijing 100 004
Telefon: 0086 10/65 01 19 13
Telefax: 0086 10/65 08 63 262

Generalkonsulat
Yong Fu Lu 181
Shanghai 200031
Telefon: 0086 21/64 33 69 53
Telefax: 0086 21/64 71 44 48

Delegierter der Deutschen Wirtschaft in Shanghai
Shanghai Bund Center
555 Zhongshan Dong (Er) Road
200010 Shanghai
Leiter: Dr. Klaus Grimm

Telefon: 0086 21/632 69 791/2
Telefax: 0086 21/632 69 794

German Centre
Haus der Deutschen Wirtschaft
20092 Shanghai
1233 Si Ping Lu - VR China
Telefon: 0086 21/65 01 51 00
Telefax: 0086 21/65 15 46 46

Hongkong

Generalkonsulat
United Centre 21st Floor
95 Queensway-Central, Hongkong
Telefon: 00852/25 29 88 55-58
Telefax: 00852/28 65 20 33

Delegierter der Deutschen Wirtschaft
2207 - 2210 World Wide House
19 Des Voeux Road, Central, Hongkong
Leiter: Ekkehard Goetting
Telefon: 00852/25 26 54 81/Telefax: 00852/28 10 60 93

zugleich Geschäftsstelle der
German Business Association of Hongkong

Indien

Botschaft der Bundesrepublik Deutschland
No. 6, Shantipath, Chanakyapuri
New Delhi - 110021
Telefon: 009111/687 18 31/Telefax: 009111/687 31 17

Generalkonsulate in
Bombay, Kalkutta und Madras

Deutsch-Indische Handelskammer
Maker Tower „E", 1st Floor,
Cuffe Parade Bombay - 400005
Telefon: 0091 22/218 61 31/Telefax: 0091 22/218 05 23
Geschäftsführer: Dr. Günter Krüger

Zweigstelle New Delhi
2, Nyaya Marg, Chanakyapuri

New Delhi 110021
Telefon: 0091 11/301 87 21, 301 87 30
Telefax: 0091 11/301 86 64
Leiter: A. Singha

Zweigstelle Calcutta
3 West Range
Calcutta 700 017
Telefon: 0091 33/24 74 147, 24 76 165
Telefax: 0091 33/24 76 165
Leiter: S. R. Majumdar

Zweigstelle Bangalore
403 Shah Sultan
Cunningham Road
Bangalore 560 052
Telefon: 0091 810/22 65 650
Telefax: 0091 810/22 03 797
Leiterin: Frau Audrey D'Souza

Zweigstelle Madras
5, Kasturi Ranga Road
Madras 600 018
Telefon: 0091 44/49 90 498 u. 49 92 370
Telefax: 0091 44/49 90 750
Leiter: T. R. Gopalan

Verbindungsbüro Düsseldorf
Deutsch-Indische Handelskammer/
Deutsch-Indisches Wirtschaftsbüro e.V.
Oststraße 84/II
40210 Düsseldorf
Telefon: 0211/36 05 97, 36 27 49
Telefax: 0211/35 02 87
Leiter: Dirk Matter

Indonesien

Botschaft der Bundesrepublik Deutschland
Jalan M. H. Thamrin Nr. 1, Jakarta
Telefon: 006221/390 17 50/Telefax: 006221/390 17 57

Deutsch-Indonesische Handelskammer (EKONID)
P.O. Box 3151
Jakarta 10031

Telefon: 006221/315 46 85/Telefax: 006221/315 52 76
Geschäftsführer: Dr. Fritz Kleinsteuber

Zweigstelle Surabaya
Deutsche Bank Building
Jl. Jendral Basuki Rahmat 141
Surabaya 60271
Telefon: 0062 31/52 28 80/Telefax: 0062 31/51 62 72
Leiterin: Frau Ratih Tri Widharti

German Centre for Industry and Trade
Wisma BSD, Suite 403
Taman Perkantoran BSP I
Bumi Serpong Damai
Jalan Raya Serpong
West Jakarta 15 332
Telefon: 006221 537 2994/Telefax: 006221/537 2974

Japan

Botschaft der Bundesrepublik Deutschland
5-10, 4-chome Minami Azabu, Minato-ku
Tokyo 106
Telefon: 00813/34 73 01 51-57
Telefax: 00813/34 73 42 43-44

Generalkonsulat in Osaka
Umeda Sky Bldg. Tower East, 35. Fl.
1-1-88-3501 Oyodonaka, Kita-Ku
Osaka 531
Telefon: 00816/4 40 50 70/Telefax: 00816/4 40 50 80

Deutsche Industrie- und Handelskammer
in Japan (DIHKJ) Tokyo
Sanbancho KS Building, 5F, 2 Banchi
Sanbancho, Chiyoda-ku, Tokyo 102
Telefon: 00813/52 76-98 11
Telefax: 00813/52 76-87 33
Geschäftsführer: Manfred Dransfeld

Zweigstelle Osaka
Umeda Sky Building, Tower East 35 F
1-88-35020 Oyodonaka, Kita-Ku
Osaka 531
Telefon: 00816/447-00 21/Telefax: 00816/447-03 60
Leiter: Dr. Hans-Georg Mammitzsch

Deutsches Industrie- und Handelszentrum
1-18-2, Hakusan
Midori-ku, Yokohama 226
Telefon: 008145/931 57 01/Telefax: 008145/931 57 00

Kambodscha

Botschaft der Bundesrepublik Deutschland
Moha Vinei RSF Yougoslavie,
Sankat „Boeung Pralit"
Kahn 7 Janvier
Phnom Penh
Telefon: 0085523/26 381, 26 193
Telefax: 0085523/27 746

Korea (Rep.)

Botschaft der Bundesrepublik Deutschland
4th Floor, Daehan Fire + Marine
Insurance Building
51-1 Namchang-Dong
Seoul 100
Telefon: 00822/726 71 14/Telefax: 00822/757 71 41

Deutsch-Koreanische Industrie-
und Handelskammer
10th Floor, KCCI Building
45, 4-ka Namdaemun-ro, Chung-ku
Seoul 100-094
Telefon: 00822/776-15 46, 28 37
Telefax: 00822/756-78 28
Geschäftsführer: Florian Schuffner

Laos

Botschaft der Bundesrepublik Deutschland
Rue Sokpalouang 26 (Sisattanek), Vientiane
Telefon: 0085621/31 21 10-11
Telefax: 0085621/31 43 22

Malaysia

Botschaft der Bundesrepublik Deutschland
No 3 Jalan U Thant, 55000 Kuala Lumpur

Telefon: 00603/242 96 66, 242 98 25
Telefax: 00603/241 39 43

Deutsch-Malaysische Industrie-
und Handelskammer
UBN Tower, 27th Floor
10, Jalan P. Ramlee, 50250 Kuala Lumpur
Telefon: 00603/238 35 61/2/Telefax: 00603/232 11 98
Geschäftsführer: Hans Joachim Böhmer

Myanmar

Botschaft der Bundesrepublik Deutschland
P.O.B. 12 - General Post Office
Rangun
Telefon: 00951/389 51, 389 53/Telefax: 00951/ 388 99

Nepal

Botschaft der Bundesrepublik Deutschland
P.O. Box 226, Kathmandu
Telefon: 00 9771/41 27 86, 41 65 27, 41 68 32
Telefax: 00 9771/41 68 99

Papua-Neuguinea

Botschaft der Bundesrepublik Deutschland
2. Floor Pacific View Apartements
Pruth Street, 3 Mile Hill
Port Moresby
Telefon: 00 675/325 29 71
Telefax: 00 675/325 10 29

Philippinen

Botschaft der Bundesrepublik Deutschland
777, Paseo de Roxas, Solidbank Building
Makati, Metro Manila 1226
Telefon: 00632/864 900, 864 906-09
Telefax: 00632/810 47 03

European Chamber of Commerce
of the Philippines
5/F, King's Court II Building,
2129 Pasong Tamo Street

Makati, Metro Manila
Telefon: 00632/811 22 34-43
Telefax: 00632/815 26 88, 812 71 36
Geschäftsführer: Henry J. Schumacher

Zweigstelle Cebu
Suite 104, Centro Maximo Bldg.
D - Jakosalem Street
Cebu City, Philippinen
Telefon: 0063 32/25 43 765, 25 33 389
Telefax: 0063 32/25 33 387

Singapur

Botschaft der Bundesrepublik Deutschland
545, Orchard Road, Far East Shopping
Centre, No. 1401
Singapore 238882
Telefon: 0065/737 13 55/Telefax: 0065/737 26 53

Delegierter der Deutschen Wirtschaft
25 International Business Park
04-65/77, German Centre
Singapore 609916
Telefon: 0065/562 90 00/Telefax: 0065/563 09 07
Delegierte: Jürgen Franzen/Gert Rabbow

German Centre
25 International Business Park
Singapore 609916
Telefon: 0065/562 80 20
Telefax: 0065/562 80 29

Sri Lanka

Botschaft der Bundesrepublik Deutschland
40, Alfred House Avenue, Colombo 3
Telefon: 00941/58 04 31 - 35
Telefax: 00941/58 04 40

Taiwan

Deutsches Wirtschaftsbüro Taipei
German Trade Office Taipei
4F/No. 350 Min-Sheng East Road

Taipei 10 444
Taiwan R.O.C.
Telefon: 00886 2/506 90 28
Telefax: 00886 2/506 81 82
Leiter: Gunther Tetzner (Delegierter der Deutschen Wirtschaft)

Thailand

Botschaft der Bundesrepublik Deutschland
9, South Sathorn Road, Bangkok 10120
Telefon: 00662/213 23 31-36
Telefax: 00662/287 17 76

Deutsch-Thailändische Handelskammer
699, Silom Road, 4th Floor, Kongboonma Building
Bangkok 10500
Telefon: 00662/236 23 96/Telefax: 00662/236 47 11
Geschäftsführer: Dr. Paul R. Strunk

Vietnam

Botschaft der Bundesrepublik Deutschland
29, Tran Phu, Hanoi
Telefon: 00844/45 38 36-37
Telefax: 00844/45 38 38

Generalkonsulat
126 Nguyen Dinh Chieu - Q 3
Ho Chi Minh City
Telefon: 00848/29 19 67, 22 43 85
Telefax: 00848/23 19 19

Delegierter der Deutschen Wirtschaft
41, Ly Thai To
Hanoi/SR Vietnam
Telefon: 00844/825 14 20/Telefax: 00844/825 14 22
Büroleiter: Le Trang
Hongkong
2202 World Wide House
19 Des Voeux Road, Central, Hongkong
Telefon: 00852/25 26 54 81
Telefax: 00852/28 10 60 93
Delegierter: Ekkehard Goetting

OAV-Representative Office
in the S.R. of Vietnam
12 Hai Ba Trung
Hanoi
Telefon: 00844/825 44 35/Telefax: 00844/824 11 14
Leiter: Le Anh Tuan

7. Repräsentanzen der Länder in Asien

Die Länder sind in zahlreichen asiatischen Ländern vertreten, in der Regel über Wirtschaftsförderungsgesellschaften oder vergleichbare Institutionen. Die Adressen können über die Länderwirtschaftsministerien oder die in Anlage 2 aufgeführten Einrichtungen erfragt werden.

China:	Baden-Württemberg, Bayern, Bremen, Hamburg, Mecklenburg-Vorpommern, Nordrhein-Westfalen, Rheinland-Pfalz, Sachsen-Anhalt, Schleswig-Holstein
Hongkong:	Bremen, Hamburg
Indonesien:	Bremen, Hamburg
Indien:	Mecklenburg-Vorpommern, Schleswig-Holstein
Japan:	Bayern, Berlin, Brandenburg, Bremen, Hamburg, Hessen, Nordrhein-Westfalen, Rheinland-Pfalz, Sachsen, Schleswig-Holstein
Malaysia:	Bremen
Singapur:	Baden-Württemberg, Bayern, Bremen, Hamburg, Mecklenburg-Vorpommern, Nordrhein-Westfalen
Korea (Süd):	Bayern, Bremen, Hamburg, Niedersachsen, Nordrhein-Westfalen
Taiwan:	Bremen, Hamburg
Vietnam:	Nordrhein-Westfalen, Sachsen-Anhalt

8. Ansprechpartner asiatischer Länder in Deutschland

Bangladesch

Botschaft der Volksrepublik Bangladesch
Wirtschaftsabteilung
Bonner Str. 48
53173 Bonn
Telefon: 0228/35 25 25/Telefax: 0228/35 41 42

Brunei Darussalam

Botschaft von Brunei Darussalam
Kaiser-Karl-Ring 18
53111 Bonn
Telefon: 0228/67 20 44/Telefax: 0228/68 73 24

China

Botschaft der Volksrepublik China
Kurfürstenallee 12
53177 Bonn
Telefon: 0228/95 59 70/Telefax: 0228/36 16 35

Generalkonsulat in Hamburg

Botschaft der Volksrepublik China
Handelsabteilung
Friedrich-Ebert-Str. 59
53177 Bonn
Telefon: 0228/95 59 40/Telefax: 0228/35 67 81

China Council for the Promotion
of International Trade/China
Chamber of International Commerce
(CCPIT/CCOIC)
Düsseldorfer Straße 14
60329 Frankfurt am Main
Telefon: 069/23 53 73/Telefax: 069/23 53 75

China United Trading Corp. GmbH
Kurvenstraße 42
22043 Hamburg
Telefon: 040/68 16 50/Telefax: 040/68 17 88

Hongkong

Hong Kong Trade Development Council
Kreuzerhohl 5 - 7
60439 Frankfurt/M.
Telefon: 069/58 60 11/Telefax: 069/58 90 752

Indien

Botschaft der Republik Indien
Wirtschaftsabteilung
Adenauerallee 262 - 264
53113 Bonn
Telefon: 0228/54 05 0/Telefax: 0228/54 05 154

Generalkonsulate in Frankfurt/Main, Hamburg

Deutsch-Indische Handelskammer
Verbindungsbüro Düsseldorf
Oststr. 84/II
Telefon: 0211/36 05 97/Telefax: 0211/35 02 87

India Trade Promotion Organisation (ITPO)
Mittelweg 49
60318 Frankfurt am Main
Telefon: 069/55 37 73/Telefax: 069/55 42 30

Indonesien

Botschaft der Republik Indonesien
Bernkasteler Str. 2
53175 Bonn
Telefon: 0228/38 29 90/Telefax: 0228/31 13 93

Generalkonsulate in Berlin, Hamburg

Indonesian Trade Promotion Centre (ITPC)
Glockengießerwall 20
20095 Hamburg
Telefon: 040/33 06 39 und 33 03 89
Telefax: 040/33 06 40

Japan

Japanische Botschaft
Wirtschaftsabteilung
Godesberger Allee 102 - 104
53175 Bonn
Telefon: 0228/8 19 10/Telefax: 0228/37 93 99

Generalkonsulate in Berlin, Düsseldorf,
Frankfurt/Main, Hamburg, München

Japanische Industrie- und Handelskammer zu
Düsseldorf e.V.
Immermannstr. 45
40210 Düsseldorf
Telefon: 0211/36 90 01/Telefax: 0211/36 01 82

Deutsch-Japanisches
Wirtschaftsförderungsbüro
Oststr. 110
40210 Düsseldorf
Telefon: 0211/35 80 - 48/49
Telefax: 0211/16 49 976

Japan External Trade Organisation (JETRO)

Berlin
Int. Handelszentrum
Friedrichstr. 95
10117 Berlin
Telefon: 030/20 96 31 63
Telefax: 030/20 96 31 65

Düsseldorf
Königsallee 58
40212 Düsseldorf
Telefon: 0211/13 60 20
Telefax: 0211/32 64 11

Frankfurt
Roßmarkt 17
60311 Frankfurt
Telefon: 069/28 32 15
Telefax: 069/28 33 59

Hamburg
Stadthausbrücke 7
20355 Hamburg
Telefon: 040/37 41 22 0
Telefax: 040/37 41 22 22

München
Promenadenplatz 12
80333 München
Telefon: 089/29 08 42-0
Telefax: 089/29 08 42 89

Korea, Republik

Botschaft der Republik Korea
Wirtschaftsabteilung
Adenauerallee 124
53113 Bonn
Telefon: 0228/26 79 60/Telefax: 0228/22 39 43

Generalkonsulate in
Berlin, Frankfurt/Main, Hamburg

Kora Foreign Trade Association
(KFTA)
Immermannstr. 65 a
Telefon: 0211/36 20 44/Telefax: 0211/36 56 14

Korea Trade Center Frankfurt
KOTRA
Mainzer Landstr. 27 - 31
60329 Frankfurt/M.
Telefon: 069/24 29 92-0/Telefax: 069/25 35 89

Korea Trade Center Hamburg
KOTRA
Heidenkampsweg 66
20097 Hamburg
Telefon: 040/23 22 35/Telefax: 040/23 39 98

Korea Trade Center Berlin
Internationales Handelszentrum
Friedrichstraße 95
10117 Berlin
Telefon: 030/20 96 26 37/Telefax: 030/20 96 26 35

Small and Medium Industry
Promotion Corporation (SMIPC)
Bürocenter Eschborn I
Industriestr. 30 - 34
65760 Eschborn
Telefon: 06196/48 54 7/Telefax: 06196/48 54 9

Laos

Botschaft der Demokratischen
Republik Laos
Am Lessing 6
53639 Königswinter
Telefon: 02223/21 50 1/Telefax: 02223/30 65

Malaysia

Botschaft von Malaysia
Mittelstraße 43
53175 Bonn
Telefon: 0228/30 80 30/Telefax: 0228/37 65 84

Botschaft von Malaysia
Handelsabteilung
Domprobst-Ketzer-Str. 1 - 9
50667 Köln
Telefon: 0221/12 40 07/09/Telefax: 0221/13 61 98

MIDA-Malaysian Industrial
Development Authority
Domprobst-Ketzer-Str. 1 - 9
Rolex-Haus, 6. Etage
50667 Köln
Telefon: 0221/12 40 07/Telefax: 0221/13 61 98

Myanmar

Botschaft der Union Myanmar
Handelsabteilung
Schumannstr. 112
53113 Bonn
Telefon: 0228/21 00 91/92/Telefax: 0228/21 93 16

Nepal

Botschaft des Königreiches Nepal
Wirtschaftsabteilung
Im Hag 15
53179 Bonn
Telefon: 0228/34 30 97, 38 30 99
Telefax: 0228/85 67 47

Papua-Neuguinea

Botschaft von Papua-Neuguinea
Gotenstraße 163
53175 Bonn
Telefon: 0228/37 68 55/56/Telefax: 0228/37 51 03

Philippinen

Botschaft der Republik der Philippinen
Argelanderstraße 1
53115 Bonn
Telefon: 0228/26 79 90/Telefax: 0228/22 19 08

Generalkonsulat in Hamburg

Philippine Trade & Investment
Center (PTIC)
Kaiser-Wilhelm-Ring 22
50672 Köln
Telefon: 0221/13 64 77 und 13 44 83
Telefax: 0221/12 32 78

Philippine Trade & Investment Center
Rappstraße 2
20146 Hamburg
Telefon: 040/41 03 151/Telefax: 040/41 03 571

Singapur

Botschaft der Republik Singapur
Südstr. 133
53175 Bonn
Telefon: 0228/95 10 3-0/Telefax: 0228/95 10 324

Singapore Economic Development
Board (EDB)
Untermainanlage 7
60329 Frankfurt/M.
Telefon: 069/27 39 93-0/Telefax: 069/25 28 82

Singapore Trade Development Board
Goethestraße 5
60313 Frankfurt/M.
Telefon: 069/92 07 35-0/Telefax: 069/92 07 35 22

Sri Lanka

Botschaft der Demokratischen
Sozialistischen Republik Sri Lanka
Wirtschaftsabteilung
Noeggerathstr. 15
53111 Bonn
Telefon: 0228/69 89 46/Telefax: 0228/69 49 88

Taiwan

Taipei Wirtschafts- und Kulturbüro
Villichgasse 17
53177 Bonn
Telefon: 0228/36 40 14/18/Telefax: 0228/35 48 74

Taipeh Vertretung in der BRD
Büro Hamburg
Handelsabteilung
Mittelweg 144
20148 Hamburg
Telefon: 040/45 03 80 45/55
Telefax: 040/45 03 80 56

Taipei Handelsbüro
Rheinstraße 29
60325 Frankfurt/M.
Telefon: 069/74 57 20/Telefax: 069/74 57 51

Taipei Handelsbüro Stuttgart
Rotebühlplatz 20 c
70173 Stuttgart
Telefon: 0711/22 40 85/Telefax: 0711/22 40 87

Taiwan Trade Service
Willi-Becker-Allee 11
40227 Düsseldorf
Telefon: 0211/78 18-0/Telefax: 0211/78 18 39

Taiwan Trade Center Berlin
Kaiser-Friedrich-Straße 62
10627 Berlin
Telefon: 030/32 43 040/Telefax: 030/32 47 851

Thailand

Botschaft des Königreichs Thailand
Handelsabteilung
Plittersdorfer Straße 202
53173 Bonn
Telefon: 0228/35 37 34, 35 32 54
Telefax: 0228/36 19 17

Generalkonsulat in Berlin

Thailand Board of Investment
Bethmannstr. 58, 5. OG
60311 Frankfurt/Main
Telefon: 069/92 91 23-0/Telefax: 069/92 91 23 20

Thai Trade Center Berlin
Internationales Handelszentrum
21 OG, Zimmer 2156 - 2159
Friedrichstraße 95
10117 Berlin
Telefon: 030/20 96 34 50-52
Telefax: 030/20 96 34-53

Thai Trade Center Frankfurt
Bethmannstraße 58
60311 Frankfurt/Main
Telefon: 069/92 91 23-0/Telefax: 069/92 91 23 20

Thai Trade Center Hamburg
Dept. of Export Promotion
Jungfernstieg 1
20095 Hamburg
Telefon: 040/32 22 07/Telefax: 040/32 62 64

Vietnam

Botschaft der Sozialistischen
Republik Vietnam
Konstantinstraße 37
53179 Bonn
Telefon: 0228/35 70 21, 95 75 40
Telefax: 0228/35 18 66

Botschaft der Sozialistischen Republik Vietnam
Außenstelle Berlin
Handelsabteilung
Dorotheenstraße 97/III
10117 Berlin
Telefon: 030/22 98 198/Telefax: 030/22 91 812

9. Ansprechpartner der Europäischen Union

Euro-Info-Centres (EICs)

Europäische Kommission
Generaldirektion XXIII/B/1
Rue de la Loi/Wetstraat 200
B 1090 Brüssel
Telefon: 0032 2/295 05 38
Telefax: 0032 2/295 73 35

In Deutschland gibt es 33 EICs, Adressen über die Industrie- und Handelskammern

Delegationsbüros und Repräsentanzen der Europäischen Union in Asien

Bangladesch	Japan
China	Korea (Süd)
Hongkong	Nepal
Indien	Philippinen
Indonesien	Sri Lanka
	Thailand

Adressen über die Europaministerien der Länder oder die EICs

European Business Information Centres (EBICs)

The Council of the European Community Chambers of Commerce in India /
European Business Information Centre
3rd Floor, Y.B. Chavan Centre
Gen. J. Bhosale Marg
Bombay - 400 021
Telefon: 009122/285 45 63/283 54 17
Telefax: 009122/285 45 64

European Business Information Centre in Thailand
Vanissa Building, 8th Floor
29 Soi Chidlom - Ploenchit RD
Bangkok 10330
Telefon: 00662/655 06 27/Telefax: 00662/655 06 28

European Business Information Centre in Indonesia
Care of the Representation of the European Commission
Wisma Dharmala Sakti, 16th Floor/32
JL. Jendral Sudirmian
Jakarta 10220
Telefon: 006221/570 60 76/570 60 68
Telefax: 006221/570 60 75

European Business Information Centre in Malaysia
Level 7, Wisma Hong Leong
18, Jalan Perak
50450 Kuala Lumpur
Telefon: 00603/26 26 298/Telefax: 00603/26 26 198

European Business Information and Development Services in Philippines
c/o European Chamber of Commerce of the Philippines
5/F Kings Court II Building
2129 Pasong Tamo Street
1253 Makati
Metro Manila
Telefon: 00632/811 22 34 - 43
Telefax: 00632/815 26 88

Anlagen 161

Technology Windows

Asean Timber Technology Centre (ATTC)
PO Box 12969
50794 Kuala Lumpur
Malaysia
Telefon: 00603/263 37 32/Telefax: 00603/263 37 34

Cogen
Asian Institute of Technology
G.P.O. Box 2754, Bangkok 10501
Thailand
Telefon: 00662/524 53 99/Telefax: 00662/524 53 96

 In Europa

 Entreprise
 103, avenue P. Hymans
 1200 Brüssel
 Belgien
 Telefon: 00322/772 10 53
 Telefax: 00322/772 10 31

Regional Institute of Environmental
Technology (RIET)
3 Science Park Drive
04-08 SISIR Annex
Singapore 0511
Telefon: 0065/777 26 85/Telefax: 0065/773 28 00

 In Europa

 215 rue Américaine
 1050 Brüssel
 Belgien
 Telefon: 00322/640 12 35
 Telefax: 00322/640 96 17

China - Europe Centre for Agricultural Technology
(CEAT)
11 Nongzhanguan Nanli
100026 Beijing
Telefon: 008610/45 42 85 65 00
Telefax: 008610/45 45 83 13 05

Literatur

Die Zahl allgemein einführender Bücher und der Fachpublikationen über Asien nimmt ständig zu. Da dieser Wegweiser überwiegend das Ergebnis praktischer Erfahrungen mit Unternehmen „auf dem Weg nach Asien" ist, wurde nur in wenigen Fällen auf vorhandene Literatur Bezug genommen. Die nachfolgende Auswahl von Büchern, Fachpublikationen und Nachschlagewerken erhebt daher keinen Anspruch auf Vollständigkeit.

1. *Allgemeine Literatur über Asien*

   Dufner, W: An der Straße von Malakka. Ein Botschafter erlebt Singapur, Brunei und Malaysia: Societätsverlag 1996
   Ederer, G., Franzen, J.: Der Sieg des himmlischen Kapitalismus, Landsberg: verlag moderne industrie 1996
   Fukuyama, F.: Konfuzius und Marktwirtschaft. Der Konflikt der Kulturen, München: Kindler 1995
   Naisbitt, J.: Acht Megatrends, die unsere Welt verändern, Wien: Signum 1995
   Odrich, B. u. P.: Südostasien für Manager. Ein Führer durch die dynamischste Wirtschaftsregion der Welt, Frankfurt New York: Campus 1995
   Reinmüller, P.: Die 10 Marketingtrends aus Japan, Düsseldorf München: Metropolitan 1996
   Stahl, S., Mihn, U. (Hrsg.): Die Krallen der Tiger. Wirtschaftsboom und Selbstbewußtsein in Asien, München: Droemer Knaur 1995
   Vahlefeld, H.W.: Hongkong, Hamburg: Hoffmann und Campe 1995
   Vahlefeld, H.W.: Das Jahrhundert Ostasiens - der Countdown läuft, Hamburg: Hoffmann und Campe 1997
   Weggel, O.: Die Asiaten, 2. Aufl., München: Deutscher Taschenbuch-Verlag 1997

2. *Fachpublikationen*

   Borrmann, A., Holthus, M., Menk, K.-W., Schnatz, B.: Kleine und mittlere deutsche Unternehmen in Asien. Investitionschancen und Erfahrungen. Studie im Auftrag des Bundesministeriums für Wirtschaft, Baden-Baden: Nomos 1996

Bundesministerium für Wirtschaft (Hrsg.): Reformen für Beschäftigung, Jahreswirtschaftsbericht '97 der Bundesregierung

Bundesministerium für Wirtschaft (Hrsg.): Wirtschaftsbeziehungen mit der asiatisch-pazifischen Region, Dokumentation Nr. 422, Juni 1997, Bonn

Ehrenfeld, H: Außenwirtschaftsfördernde Infrastruktur der Länder der Bundesrepublik Deutschland - Ergebnisse und Analyse einer empirischen Studie, CCE Publikation, Hildesheim 1997

Frankfurter Allgemeine Zeitung GmbH Informationsdienste (Hrsg.): Investitionsführer ASEAN/Indochina, 1997

Janocha, P.: Japan. Wegweiser zur Erschließung des japanischen Marktes für mittelständische Unternehmen, München Wien: R. Oldenbourg 1995

Lee, S.-H.: Asiengeschäft mit Erfolg - Leitfaden und Checkliste, Berlin Heidelberg: Springer 1997

Ostasiatischer Verein e.V.: Asien-Pazifik. Wirtschaftshandbuch 1996, Hamburg

Sach, V., Schilling, G.: Förderprogramme und Finanzierungsinstrumente für Asien - Ein praxisorientierter Leitfaden, Frankfurt am Main: Frankfurter Allgemeine Zeitung GmbH Informationsdienste 1997

Schütte, H., Lasserre, P.: Managementstrategien für Asien-Pazifik, Stuttgart: Schäffer-Poeschel 1996

United Nations Conference on Trade and Development: World Investment Report 1995, Transnational Corporations and Competitiveness, New York, Genf 1995.

Weiding, I., Ruprecht, W.: Kooperationschancen mittelständischer Unternehmen im Auslandsgeschäft. Untersuchung staatlicher Förderinstrumente im Hinblick auf die für mittelständische Unternehmen entscheidungsrelevanten Faktoren, Prognos, Europäisches Zentrum für Wirtschaftsforschung und Strategieberatung, Basel 1996

3. Nachschlagewerke

Asien/Pazifik Kontakter 1995/96, Deutsche Auslandshandelskammern, Ostasiatischer Verein, Bonn: Service-Stelle Auslandshandelskammern (AHK) des Deutschen Industrie- und Handelstages 1995

Asien-Pazifik-Ausschuß der Deutschen Wirtschaft (APA) (Hrsg.): Der Weg in die Asien-Pazifik-Region. Informationsquellen und Kontaktpartner. Hamburg: Ostasiatischer Verein e.V. Eigenverlag 1996

Ausstellungs- und Messeausschuß der Deutschen Wirtschaft e.V. (AUMA) (Hrsg.): AUMA Handbuch International '98. Messen und Ausstellungen im Ausland, Köln 1997

Auswärtiges Amt (Hrsg.): Konsularische Vertretungen in der Bundesrepublik Deutschland, Ausgabe 1996, Köln: Bundesanzeiger

Auswärtiges Amt (Hrsg.): Liste der Diplomatischen Missionen, der Internationalen Organisationen und anderer Vertretungen in der Bundesrepublik Deutschland, Stand April 1997, Köln: Bundesanzeiger

Auswärtiges Amt (Hrsg.): Vertretungen der Bundesrepublik Deutschland im Ausland, Stand November 1996, Köln: Bundesanzeiger

Bundesministerium für Wirtschaft (Hrsg.): Exportfibel - Wegweiser für kleine und mittlere Unternehmen, Stand Februar 1996, Bonn

Bundesministerium für Wirtschaft (Hrsg.): Kontaktadressen in Deutschland, Juni 1997

Bundesministerium für Wirtschaft (Hrsg.): Maßnahmen zur Förderung deutscher Direktinvestitionen im Ausland (ohne Osteuropa), Dokumentation Nr. 365, Stand Februar 1995, Bonn

Bundesministerium für Wirtschaft (Hrsg.): Nationale und multilaterale Finanzierungsinstrumente für Exporte und Auslandsinvestitionen, Dokumentation Nr. 424, Stand Juli 1997, Bonn

Bundesministerium für wirtschaftliche Zusammenarbeit (Hrsg.): Erfolgreich mit Partnerländern zusammenarbeiten, Unternehmer Handbuch, 5. Aufl., Bonn 1995

Bundesstelle für Außenhandelsinformation: Publikationen Januar 1995 bis Dezember 1996, Köln

Deutscher Industrie- und Handelstag (Hrsg.): Deutsche Auslandshandelskammern, Delegierte und Repräsentanten der Deutschen Wirtschaft, Stand November 1994, Bonn

IHK-Gesellschaft zur Förderung der Außenwirtschaft und der Unternehmensführung mbH (Hrsg.): Kontaktstellen für die Deutsche Außenwirtschaft 1994

Koordinierungsausschuß Deutsche Industrie- und Handelszentren (Hrsg.): Deutsche Industrie- und Handelszentren DIHZ. Stützpunkte auf wichtigen Auslandsmärkten, Industrie- und Handelskammer Region Stuttgart, Stuttgart 1996

H.-J. Bullinger, H.-J. Warnecke
(Hrsg.)

Neue Organisationsformen im Unternehmen

Ein Handbuch für das moderne Management

1996. XXXIV, 1128 S. 508 Abb. Geb.
DM 198,-; öS 1445,40; sFr 179,-
ISBN 3-540-60263-1

Aus den Besprechungen: „...auf dem besten Weg, der neue Klassiker unter den Management-Handbüchern zu werden. Fundiert wie kaum eine vergleichbare Abhandlung jüngeren Datums, nimmt die Schrift eine Bestandsaufnahme des aktuellen Managementwissens vor, die in punkto Breite und Tiefe ihresgleichen sucht... Dem Anspruch, ein Hilfsmittel zu sein, um notwendige Kurskorrekturen im Unternehmen zu erkennen und einzuleiten, wird das Nachschlagewerk voll und ganz gerecht. Das Buch ist seinen Preis wert."

Management & Seminar

U. **Krystek**, E. **Zur** (Hrsg.)

Internationalisierung
Eine Herausforderung
für die Unternehmensführung

Geleitwort von **J. Schrempp**

Redaktion: **G. Ohling**

1997. XXI, 617 S. 128 Abb. Geb. **DM 168,-**;
öS 1226,40; sFr 152,- ISBN 3-540-61843-0

Internationalisierung wird zu einer überlebenssichernden Notwendigkeit für deutsche Unternehmen aller Größen und Branchen. Dieses Buch faßt neuartige und aktuelle Problemfelder, Lösungsansätze sowie Erfahrungsberichte aus internationalen Unternehmen zusammen. Neueste Forschungsergebnisse werden ebenso präsentiert wie das Know-how von Top-Führungskräften der Unternehmenspraxis und von Politikern. Dabei liegt ein Akzent auch auf den „Soft Facts" des internationalen Unternehmenserfolgs. Das Spektrum der dargestellten Themen ist bewußt breit und farbig gewählt. Es reicht von Aspekten der Unternehmensethik über aktuelle Fragen aus den Kerntätigkeitsfeldern der Unternehmensführung bis hin zur Problematik virtueller Strukturen. Dazu äußern sich Autoren aus Forschung, Politik und Wirtschaftspraxis.

Preisänderungen vorbehalten

Springer-Verlag, Postfach 31 13 40, D-10643 Berlin, Fax 0 30 / 827 87 - 3 01/4 48 e-mail: orders@springer.de

S.-H. Lee

Asiengeschäfte mit Erfolg
Leitfaden und Checklisten

China, Hongkong, Indonesien, Japan, Malaysia, Singapur, Südkorea, Taiwan, Thailand, Vietnam.

1997. XII, 148 S. Brosch.
DM 39,80; öS 290,60; sFr 37,-
ISBN 3-540-61758-2

Springer

Preisänderungen vorbehalten

Springer-Verlag, Postfach 31 13 40, D-10643 Berlin, Fax 0 30 / 827 87 - 3 01/4 48 e-mail: orders@springer.de

Springer und Umwelt

Als internationaler wissenschaftlicher Verlag sind wir uns unserer besonderen Verpflichtung der Umwelt gegenüber bewußt und beziehen umweltorientierte Grundsätze in Unternehmensentscheidungen mit ein. Von unseren Geschäftspartnern (Druckereien, Papierfabriken, Verpackungsherstellern usw.) verlangen wir, daß sie sowohl beim Herstellungsprozess selbst als auch beim Einsatz der zur Verwendung kommenden Materialien ökologische Gesichtspunkte berücksichtigen.
Das für dieses Buch verwendete Papier ist aus chlorfrei bzw. chlorarm hergestelltem Zellstoff gefertigt und im pH-Wert neutral.

MIX
Papier aus verantwortungsvollen Quellen
Paper from responsible sources
FSC® C105338

If you have any concerns about our products,
you can contact us on
ProductSafety@springernature.com

In case Publisher is established outside the EU,
the EU authorized representative is:
**Springer Nature Customer Service Center GmbH
Europaplatz 3, 69115 Heidelberg, Germany**

Printed by Libri Plureos GmbH
in Hamburg, Germany